発掘！

歴史に埋もれたテレビCM

見たことのない昭和30年代

高野光平

光文社新書

はじめに

トランキライザーと食品添加物

この本は、これまでナゾの多かった草創期の日本のテレビCMについて、数々の発掘資料からその実態を明らかにしようとするものだ。まずはふたつの作品から見てほしい。

図1（4ページ）は、ある製薬会社が一九五七（昭和三十二）年に制作したトランキライザー（精神安定剤）のテレビCMである。交通渋滞と書類の山にイライラをつのらせる男性。そこにトランキライザーのビンが現れ、おだやかな女性ナレーションが「近代人のかき乱された心に調和を与え、いらだった神経を和らげ」ると説明する。男性はようやく笑顔を取りもどす。

現在では処方箋がないと入手できないトランキライザーが当時は市販されていて、テレビCMが流れていたという事実に驚かされる。不安とイライラに襲われた男性の鋭い目つきが

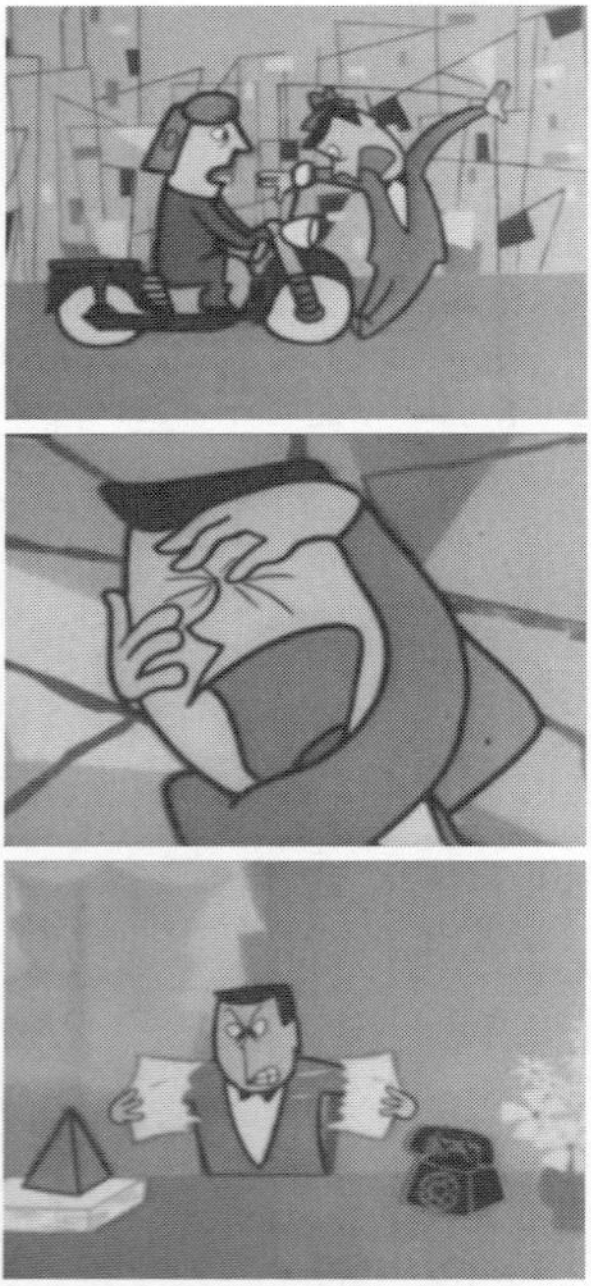

図1

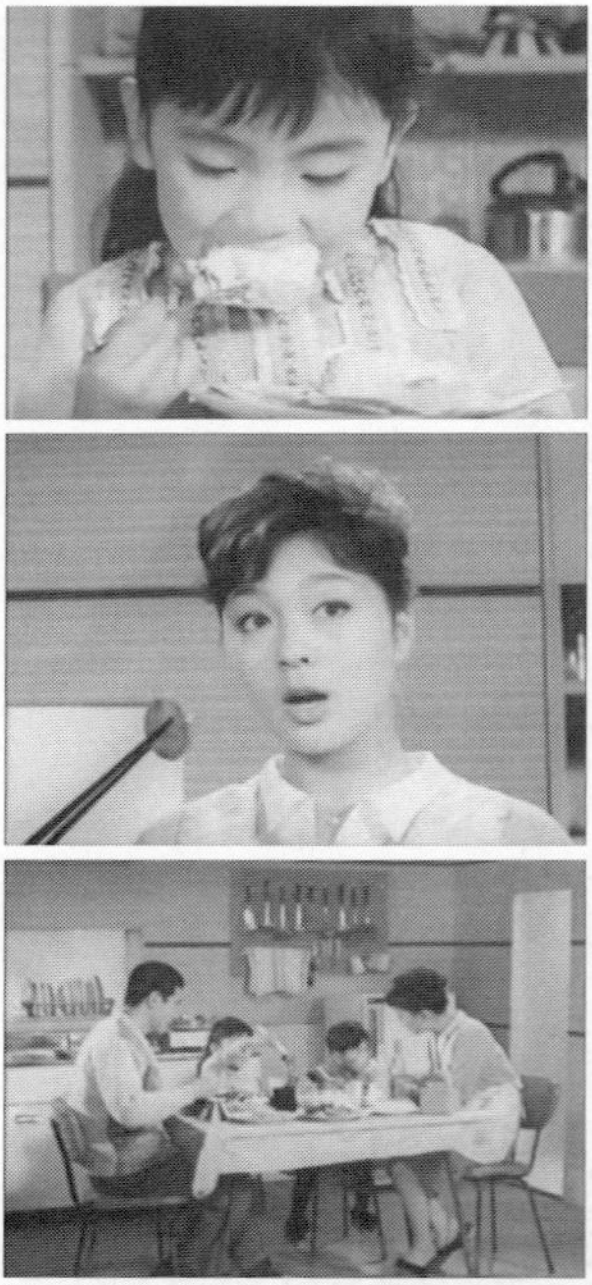

図2

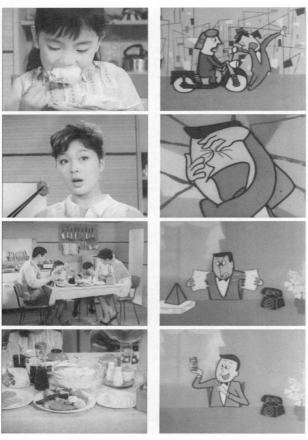

とても不気味で、心から離れない。

図2は一九六四（昭和三十九）年制作の食品添加物のCM。食品添加物は「ケーキにもパンにも、毎日のお惣菜にも、あらゆる食品の中に生きている」とナレーションは誇らしげに言う。食品に化学物質が添加されている事実は、現在ではなるべく目立たぬようにしたいことだろう。しかし当時はむしろ自慢したいことだったのだ。

食品の衛生と安全がテクノロジーによって保証される。それはとてもすばらしいことだった。もちろん今でもそうなのだが、そこにこそ力点を置くのが昭和三十年代ならではの価値観である。同時代の他の食品CMでも、工場の生産ラインを映したり、化学実験の様子を映したりして、テクノロジーのすばらしさを訴えている。

最古の無名な発掘物たち

広告は、短い文章や短い映像で確実にメッセージを届けるために、誰にでもわかるベタな記号を多用する。そこに当時のマジョリティの感覚が痕跡として残りやすい。広告を見れば、その時代に代表的とみなされていたセンスが分かるのである。これは広告が持っている独特の性質で、よく言われる「広告は時代を映す鏡」とはそういう意味だ。トランキライザーと食品添加物のCMからは、昭和三十年代の日本人が抱いていた医学や科学技術に対する素朴な信頼感が読み取れる。

このように、広告に埋め込まれた時代感覚を読み解く作業はとても面白く、これまでにいくつもの広告文化論や広告社会論が出版されてきた。本書も同じ系譜に連なるものなのだが、類書とは決定的に異なる特徴がひとつある。これまでの広告本では、多くの人が知っている有名な作品や、大きな賞をとったような名作を中心に取り上げてきた。しかしこの本では、徹底して無名な作品に光を当てる。

しかも、これまでほとんど扱われることのなかった最古の時期、具体的に言うと、日本初の民間テレビ放送局・日本テレビ放送網が開局した一九五三（昭和二十八）年から、東京オリンピックがおこなわれた一九六四（昭和三十九）年くらいまでの草創期を扱うことにした。必要に応じて一九六八（昭和四十三）年くらいまで取り上げることもあるが、広げてもそのくらいにしてある。

「最古」かつ「無名」のCM。二重にマニアックな作品たちを歴史の奥底からサルベージして、輝かしい名作の系譜からは見えてこない「もうひとつのテレビCM史」を記述しようというのがこの本のテーマである。

なぜそんな歴史を書こうと思ったかというと、理由はふたつある。

ひとつは、手元に大量の映像があるからだ。私を含む研究者チームは、一九五四年から一九七〇年までに制作されたテレビCM約一万五千本、七一年以降も含めると約一万八千本をデジタルアーカイブ化して、検索・閲覧できる状態にしている。映像制作プロダクションと貸借契約をかわしたり、解散したプロダクションから寄贈を受けたりして少しずつ作ってきた。そのほとんどは、放送を終えてから半世紀のあいだ倉庫で眠り続け、陽の目を見ることがなかった「発掘物」である。トランキライザーのCMも食品添加物のCMもそうだ。こうした発掘物の紹介をかねつつ、草創期のテレビCMについて考えようという趣旨である。アーカイブの詳しい中身については「おわりに」を参照してほしい。

こういう趣旨であれば動画を公開したほうがよいに決まっているのだが、残念ながらさまざまな事情があって学術研究者以外への公開ができない（「さまざまな事情」についても「おわりに」を参照）。今回は、静止画に解説文をつけたスタイルで本を出すことにした。

昭和のステレオタイプ化にあらがう

もうひとつの理由は、平成から令和になり、昭和がふたつ前の時代に遠ざかったいま、あらためて戦後昭和とは何だったのかを考え直すのにテレビCMが役立つからだ。

時代が遠ざかると、その時代について考える作業は難しくなっていく。古くなればなるほど過去はざっくりとしたステレオタイプに押し込められてしまう。古きよき懐かしの昭和は、長期的なレトロブームをつうじてだいぶステレオタイプ化が進行した。「みんな○○だった」「誰もが××した」といったイメージの固定化が起こっている。

最近の大学生には、私が小中学生だった三十年前、男の子はみんなガンダムとキャプテン翼に夢中だったと信じている人がいる。そんなことはない。私はガンダムを見たことがないし、少年ジャンプを読んだことがなかった（私は少年サンデー派だったのだ）。私のような男の子はいくらでもいたはずだ。バブル時代はみんなワンレンボディコンでディスコで扇子を振り回していたと信じている人もいる。それは都市のごく一部の若者の経験だし、ついでに言うとジュリアナ東京はバブル崩壊直前および直後のブームで、バブル期の中ではかなりはじっこのできごとだ。

そんな感じで、歴史のイメージはどんどん適当になっていくのである。たった三十年前でもこれだけ硬直化するのだから、半世紀以上も前の昭和三十年代となるとガチガチになっていてもおかしくはない。「ＡＬＷＡＹＳ 三丁目の夕日」のような世界はたしかに存在したかもしれないが、日本全国すべてがあのようだったわけではないし、昭和三十年から三十九年まで十年間ずっとあんな感じだったわけでもない。本物の昭和三十年代は地域的にも時期的にも多様であったはずだ。

それはもちろん分かっているのだけれど、でも、そうした多様性に対する想像力がだいぶにぶってきているのも事実ではないだろうか。若者だけではなく、当時を生きた中高年にもステレオタイプにとらわれている人はたくさんいるだろう。

最古の無名なテレビCMには、そんな硬直したイメージをときほぐす力があると私は考えている。これから紹介する数々のCMには、ステレオタイプな昭和三十年代とはちょっと違う、見たことのない風景がたくさん映っている。それは消費生活のさまざまなプロトタイプ（試作）たちだ。この商品があればこんな幸せな生活が送れる。こんな楽しい気持ちになれる。CMは新しい生き方の試作を次々と提案していった。一部は人びとに根づき、私たちの記憶に残ったが、大多数は定着することなく試作のままで終わり、忘れ去られていった。

私が本書で重視したのは後者、忘れられた消費生活のプロトタイプたちだ。それは見たことのない昭和三十年代で、私たちの常識に揺さぶりをかけてくる。この揺さぶりが引き起こすめまいが、硬直したイメージをときほぐし、昭和三十年代の多様性やディテールを気づかせてくれるのだ。本書を読み進めればきっとこのことを感じていただけると思う。

歴史に埋もれた未知の世界へ

一万本以上ある映像の中から何を優先的に取り上げるかは悩ましいところだが、これまでいろいろな場所で授業や講演をしてきて、アーカイブの資料価値がストレートに伝わったと感じたテーマが五つあるので、本書もそれに沿って進めていこうと思う。

第一のテーマは「テレビＣＭの原始世界」。まずはとびきり古いものから。アーカイブに収録された最古の作品は一九五四年制作で、そこから四〜五年のあいだに作られた原始の作品たちを見ていく。草創期のＣＭにはアニメを用いたものが多かったので、アニメ編と実写編で分けて整理した（第１・２章）。

第二のテーマは「珍しいＣＭたち」。珍しさにもいくつかパターンがあって、現在は絶滅した商品、現在すっかり定番となった商品のういういしい新発売時代、そして今では考えられないような不思議な広告表現についてまとめていく（第３・４章）。

第三のテーマは「高度成長の風景」。昭和三十年代のテレビＣＭはそのまま高度成長の記録になっている。当時の日本人にとって理想の消費生活とはどんなものだったのか。伸びゆくニッポンの姿がどのように描写されていたのか。高度成長の「ノリ」や「雰囲気」のようなものをCMから探ってみたい（第5・6章）。

第四のテーマは「CMの中の人びと」。CMには女性、男性、子ども、家族、外国人などさまざまな人びとが登場するが、なかでも興味ぶかい事例が多い、子ども向け商品のCMと外国人が関わるCMを掘り下げてみたい。後者については少し話を広げて、海外進出用に作られた現地向けCMや、占領期沖縄のCMも取り上げる（第7・8章）。

第五のテーマは「発掘されたお宝たち」。そんなものが現存していたのかと驚愕するような超お宝から、何がどうお宝なのかさえ分からないマニアックな珍品まで、テレビ史の番外地に散らばっていた破片たちを拾い集めていく（第9章）。

昭和三十年代のCMをテーマにした本と聞くと、中高年のノスタルジーに訴えるようなイメージがあるかもしれない。しかし本書で取り上げるCMの多くはおそらく、ほとんどの人の記憶にないものだ。CMに登場する人物、町並み、商品は懐かしいかもしれないが、CM自体を覚えている人はゼロに近いだろう。そもそもテレビが普及しておらず見ていた人が少ないのだ。

だから本書は、「そういえばあったね」のようなノスタルジーを喚起する力はあまり持ち合わせていない。しいて言えば「こんなのあったか?」である。歴史に埋もれたＣＭとの新鮮な出会いをつうじて、紋切り型のノスタルジーではとらえきれない、昭和三十年代の知られざる風景を探しにいこう。

発掘！　歴史に埋もれたテレビＣＭ　目次

凡例

※本文中に記した広告主名は、ＣＭ制作時の名称とした。ただし、二〇一九年六月現在も会社が存続しており（合併や経営統合を含む）、かつ現社名が当時と異なる場合は、カッコ書きで現社名を併記した。

※本文中に記したＣＭの制作年は、制作会社が保管していた納品台帳から当該作品と思われる記載を探し出し、そこに書かれた納品年を採用したものである。台帳との照合は正確におこなったと考えているが、完全である確証はない。

※本文中に記したＣＭの秒数は、実際の映像の長さと異なる場合がある。例えば六十秒ＣＭと思われる作品なのに、最後のカットがやや長めにとられていて六十二秒や六十三秒になっているケースがかなり多い。テレビ局でオンエア用に別のＣＭとつなぐため、最後のカットをのりしろとして数秒長くとったのではないかと推測するが、正確な理由は分からない。こういうケースはすべて私の判断で「六十秒」と記した。

第1章

最古のCMたち——アニメ編

コマーシャル・フィルム

一九五三年二月一日、NHK東京テレビジョンが開局して日本のテレビ放送の歴史が始まった。半年後の八月二十八日には初の民間テレビ放送局・日本テレビ放送網も開局。二年前に始まっていた民放ラジオとともに本格的な民放時代がやってきた。それは、コマーシャル・メッセージ（CM）と呼ばれる放送広告のスタートでもあった。

最初の頃はテレビの視聴者が少なく、一九五七年までテレビ受像機の世帯普及率は十%にすら満たない（図1・1）。そもそも視聴できる地域が少なかったことや、受像機の値段が高かったことが背景にある。盛り場には街頭テレビが置かれ、喫茶店や電器屋の店頭で見られることもあったが、その数はかぎられていた。

そんな中で番組もCMも試行錯誤を繰り返していた。CMについてはアメリカを参考に研究が進められ、効果的なコマーシャル・メッセージの手法がいくつも開発されていった。たとえばスタジオや中継場所からダイレクトに商品の紹介をおこなう生コマーシャルがある。図1・2（24ページ）にその一例をあげた。スタジオの片隅を間借りして簡易なセットを組んでいるのが分かる。これを番組の冒頭や終了前にやるのが定番だった。人が出てくるのは

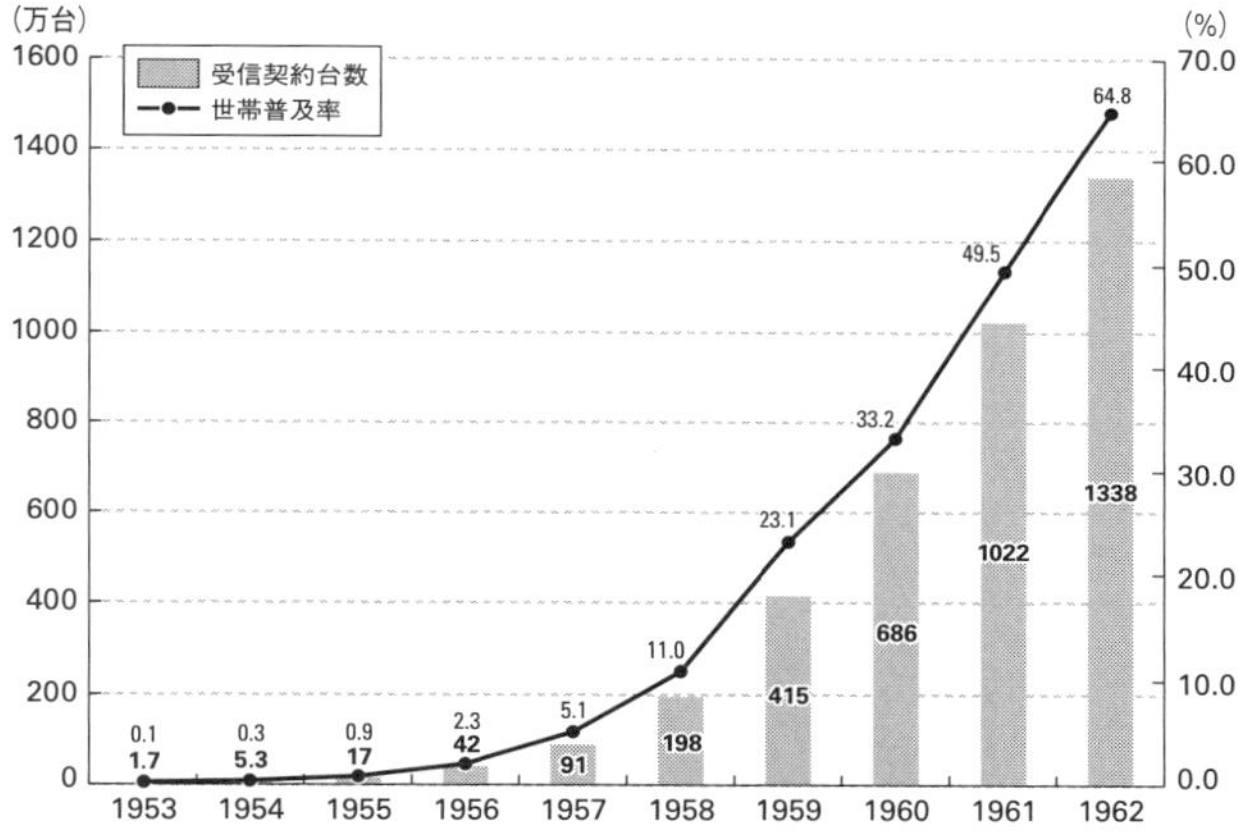

出所：日本放送協会編『20世紀放送史』532ページに基づき筆者作成

図１・１　NHKテレビ受信契約台数の推移1953-1962

凝ったほうで、商品をターンテーブルに乗せるだけで済ますこともあったという。

図１・３（24ページ）も初期におなじみの手法で、番組の途中で文字テロップを画面に出すスーパーインポーズＣＭ。図１・４（24ページ）は厚紙（フリップ）やスライドフィルムに絵と文字を描いて映すだけの静止画ＣＭ。これもよく使われた安上がりな方法である。

そしてもうひとつ、ムービーフィルムによる動画のＣＭがあった。これをコマーシャル・フィルム（ＣＦ）と呼ぶ。動画は現在のテレビＣＭのほとんどすべてを占めるが、初期には数あるＣＭ方法のひとつにすぎなかった。制作費用が高く誰でも気軽に利用できたわけではないが、効果が強く長期的に利用で

(上) 図1・2 「加美乃素」の生コマーシャル風景（出典：『テレビ・ラジオの広告技術』1958年）
(中) 図1・3 コメディ番組「てなもんや三度笠」(1967年) のスーパーインポーズCM（出典：DVD『てなもんや三度笠　爆笑傑作集 vol.1』）
(下) 図1・4 スライドフィルムによる静止画コマーシャル（出典：『テレビ・ラジオの広告技術』1958年）

きるので重宝された。

当時のハウツー本や専門誌をみると、CFはたいてい実写とアニメに分けて議論されている。必要となる技術や機材が実写とアニメでかなり異なるからだ。アニメという略称はまだなかったので、「アニメーション」と正確に言うか、「漫画」や「動画」などと呼ばれていた。

日本のアニメーション制作は一九一〇年代から本格的に始まっている。娯楽映画、教育用映画、宣伝用映画、芸術映画などさまざまなジャンルで制作がおこなわれていたが、市場規模が小さくあまりもうかっていなかったという。戦後も同様の状態が続いていたが、そこにテレビ開局の話が舞い込み、アニメの高いニーズを感じ取った関係者たちは積極的に営業を仕掛けたり、新しい会社を立ち上げたりして、テレビの仕事を受注する体制を整えていった。CFはもちろん、番組のオープニング映像などいろいろな業務をテレビから請け負うようになっていく。

営業努力の成果もあり、また親しみやすい映像が評判をよび、草創期のテレビCMではアニメを使うことが多くなった。アーカイブを見ていくとたしかにアニメが多いという実感はある。具体的に何%くらいかと言うのは難しいが、最初から最後までアニメで作られたものが三割ていど、部分的な視覚効果にアニメを用いたもの（現在のCGのような使用法）を含めれば七割近くあるのではないかと思う。

フルアニメーション

そんな人気者だった最古のアニメCMをいくつか見てみよう。図1・5は三菱電機「三菱ミキサー」（一九五五年、六十秒）。コダーイ作曲「ハーリ・ヤーノシュ」の軽快なリズムに乗って、ミキサーの擬人化キャラ・三菱ミキちゃんがりんごジュースやぶどうジュースを作って坊やとおじいちゃんに届けるアニメである。

ミキサー一台の値段は九千八百円。消費者物価指数で比べると現在の六万円くらいの価値で、なかなかの高級品だ。三菱電機の広報誌『三菱電機』一九五四年一月号にミキサーが新商品として紹介されているから、三菱ミキサーの発売は一九五三年だと思われる。

静止画だと分からないが、この映像は昔のディズニー映画のように全身がなめらかに動くいわゆる「フルアニメーション」である。コマ送りで見ると一秒間に十二回も絵が切り替わっていて、セルをたっぷり使ってぜいたくに作られていることが分かる。三菱電機が一流の広告主だからそんなぜいたくができた、というよりは、当時の日本ではそれ以外のセルアニメの作り方がなかったのである。日本のセルアニメ制作はやがて、しゃべる時は口だけ、歩

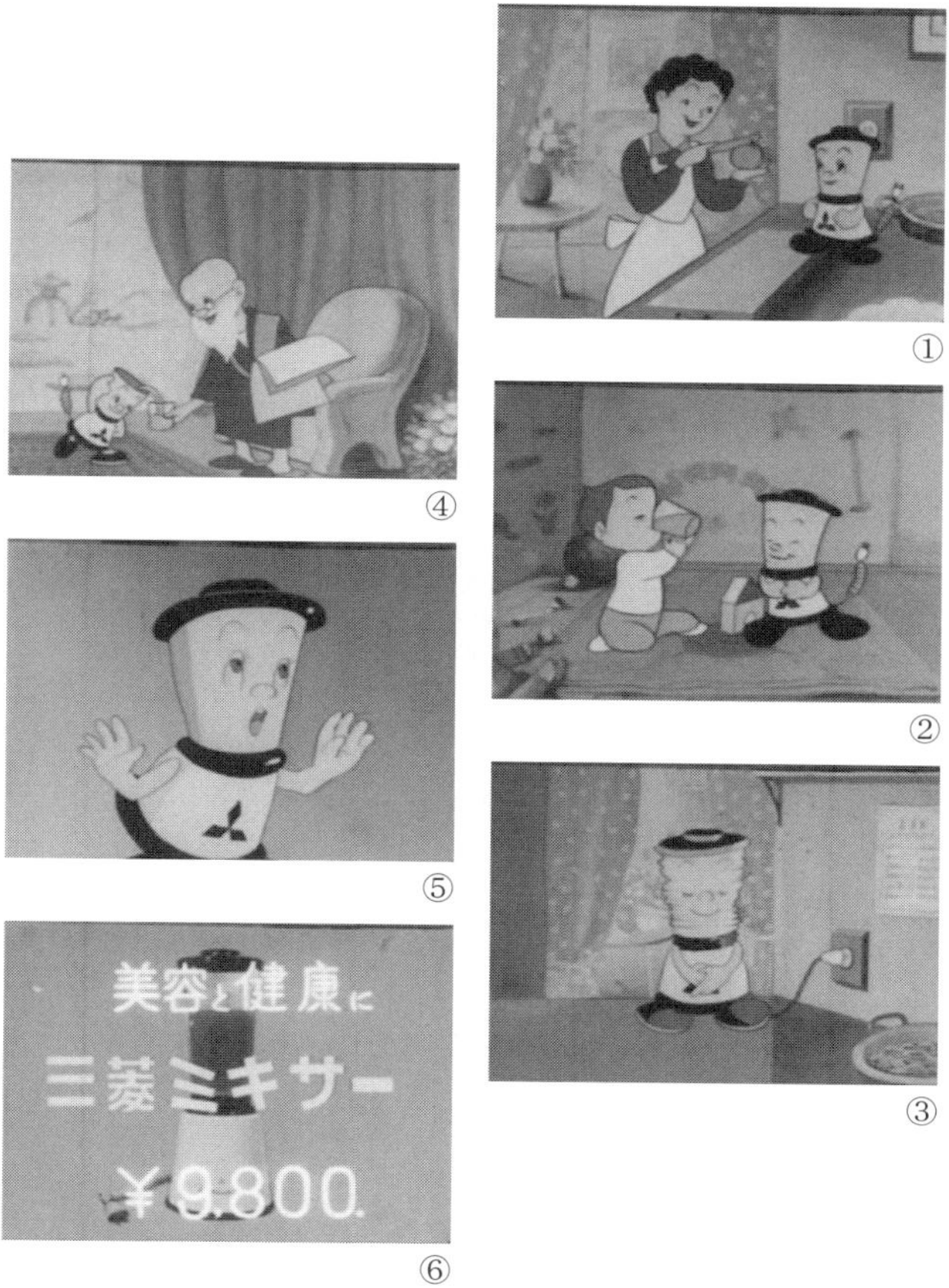

図1・5　三菱電機「三菱ミキサー」(1955年)

く時は足だけ動かすようなエコノミーな手法が主流になっていく。これを「リミテッドアニメーション」と言うが、当時はまだリミテッドの発想がなく、フルアニメが普通だったのだ。

アーカイブを見たかぎりでは、一九五八年四月に制作された寿屋（現・サントリー）のトリスウイスキーのCMで、キャラクターのアンクルトリスの動きが完全にリミテッドになっていて、このあたりが日本のリミテッドアニメの起源だと思われる。もっとも、アンクルトリスは非人間的な動きによってモダンで前衛的な効果を狙ったもので、エコノミーというわけではないが、その後の日本のアニメCMはエコノミー的な意図を含んだ簡易な動きが少しずつ増えていった。逆に言えば、日本のアニメCMはさかのぼればさかのぼるほどゴージャスなフルアニメーションになっていくのである。

他の作品も見てみよう。図1・6は一九五四年制作の資生堂「パール歯磨」の六十秒CM。「パールちゃんの運動会」というタイトルがついていて、ちょっとしたアニメ番組である。歯磨き粉の擬人化キャラ・パールちゃんが、バイキンのキンちゃんたちの妨害をものともせず障害物競走で勝利するというストーリーだ。

パールちゃんシリーズは定期的に制作されていて、アーカイブには他にも「パールちゃんと森のお友達」「パールちゃんとお月様」「パールちゃんとゴジラ」「パールちゃんの音楽会」

など、一九五四〜五六年のあいだに十六タイトルを確認できる。いずれも三菱ミキサー同様のなめらかなフルアニメーションだ。日本テレビの夜7時のニュースと天気予報が終わったあとに毎日流されたものだという（元電通常務の故・内藤俊夫氏への聞き取りによる）。

ミキちゃんもパールちゃんも映像プロダクション「ＴＣＪ」の制作である。のちに「鉄人28号」や「エイトマン」などを手がけ、日本のテレビアニメを牽引したＴＣＪは、一九五二年に設立して五四年からテレビＣＭの世界に参入した。もともとアニメに強く、すぐれたアニメーターたちが多く在籍していた。

図1・6　資生堂「パール歯磨」（1954年）

当時の日本のアニメーション技術がどのくらいのレベルにあったかは、東映の劇場用映画などからすでに詳しく知られてはいたが、これらの発掘フィルムによってテレビCMの世界でもそれなりの技術レベルがあったことを確認できる。もちろんすべてのアニメCMがすばらしかったわけではなく、手足の動きが不自然だったり、いわゆる作画崩壊のような状態だったりするものもある。テレビの発展とともに仕事はどんどん増えていくので、時間が足りずあわてて作ったものもあるだろうし、キャリアの浅い若手に任せたものもあるだろう。しかしおおむね、今日の日本アニメのルーツと呼ぶにふさわしいクオリティだと私は感じている。アニメ文化の起源のひとつは間違いなくテレビCMにあった。

童話・昔話系CM

図1・7は一九五七年制作の大阪商事（現・みずほ証券）「投資信託」。長さは実に百五十秒もある。これだけ長いともはや立派なアニメーション作品だ。

長さについて少し説明しておきたい。CMには大きく分けて、番組と番組の合間に出す「スポットCM」と、番組のスポンサーが番組時間中におこなう「プログラムCM」（現在の名称はタイムCM）があるが、一九五〇年代はほぼ、スポット用のCFが三十秒、プログラム用のCFが六十秒以上だった。プログラムCMに使ってよい時間は番組の十分の一までと決まっていたので、当時ほとんどの番組が三十分だったことから上限は三分になる。当時の番組は原則として一社提供だから、この時間を一社が独占的に生コマーシャル、スーパーインポーズCM、CFなどに配分していくわけだが、慣例としてCFには六十秒以上をあてていた。全時間をCFにあてれば百八十秒まで可能だがこれはめったになく、大阪商事が百五十秒を使ったのも珍しい例だ。だいたいは六十秒か九十秒、たまに百二十秒がプログラム用CFの標準的な長さである。

図1・7　大阪商事「投資信託」(1957年)

話を大阪商事に戻すと、この異例な長さのCMはイソップ物語「アリとキリギリス」がベースになっている。踊ってばかりのキリギリスを尻目にアリさんたちはせっせと働き、大阪商事の投資信託を購入する。投資信託とは証券会社にお金を預けてプロに運用してもらい利息を得るサービスで、戦後の人気商品である。季節は冬になり、しっかり蓄えたアリさん一家が暖かな家でディナーとテレビを楽しんでいると、そこに空腹のやつれたキリギリスが現れる。ごちそうを振る舞ってもらい、不思議そうに豊かな生活のわけを聞くと、アリさんは大阪商事の投資信託の説明を始める。

最初のキリギリスのダンスシーンだけで三十五秒、季節が秋から冬にうつろうシーンの描写に三十秒と、商品宣伝と無関係な時間がとにかく長い。広告的には無意味なこうしたシーンはしかし、アニメ的には見せ場である。視聴者には見て面白く、アニメーターにとっては自分たちのやりたいことができる、WIN－WINの関係がそこにあった。そして広告主もこうした過剰な作品性を受け入れていたと考えられる。

放送広告について明確な理論がなかった当時、とにかく見て面白い、聞いて楽しいCMを作ればとりあえず効果があるだろうという、シンプルな考え方が主流であった。「よい映像＝よいCM」という方程式である。ターゲットにきちんと届いているかとか、商品特長を正確に表しているかとか、そういう細かいことは考えずに、とにかく面白い映像を作ろうという気持ちで現場が回っていた。CM制作が組織化・理論化される前の一九五〇年代は、映像プロダクションのクリエイティビティ頼みの牧歌的な時代だった。みんながそれで納得していたので、何も問題はなかったのだ。

クリエイティビティの源泉になっていたのは、日本のアニメづくりが蓄積してきたさまざまなノウハウである。そのひとつが大阪商事のような昔話や童話をベースにした作り方で、子ども向けの娯楽映画や教育映画で培ったものだ。図1・8（34ページ）に同様の例をふたつあげた。「宝島」をベースにした山之内製薬（現・アステラス製薬）の風邪薬「コデシリン」の九十秒CM（一九五七年）は、商品が出てくるまで実に六十五秒。帆を上げるためふたりの海賊がロープを引っ張っていたところに、「島が見えたぞ！」という声がかかり、ひとりはロープを離して船首に向かう。しかしもうひとりは手を離すのが遅れ、反動で巻き上がるロープに体を持っていかれて空高く放り上げられ、クルクル回りながら落ちてくる。風邪薬となんの関係もないがアニメーターの腕の見せどころだ。

もうひとつは「三匹のこぶた」を題材にした殖産住宅のCM（一九五六年、六十秒）。三匹のこぶたが見事にオオカミを追い払ったから、じゃあうちもこの不動産屋で家を買おうと、

図1・8　（右）山之内製薬「コデシリン」（1957年）
（左）殖産住宅（1956年）

そんなふうに考える視聴者はもちろんいない。あくまで明るく楽しい映像をつうじて会社のことを覚えてもらったり、好感を持ってもらったりすればそれでよかった。ターゲットが子どもか大人かにかかわらず、「よい映像＝よいＣＭ」の方程式のもとで積極的にアニメを取り入れていった。こうして一九五〇年代はアニメＣＭの全盛期になったのである。

スチールアニメとコマ撮り

ところでアニメーションと言った場合、セルアニメだけを指すわけではない。頻度はそれほど高くないが、他にふたつＣＭに使われるアニメーション技術があった。

ひとつは「スチールアニメーション」と呼ばれるもので、写真の切り抜きなどの静止画を組み合わせて、ちょっとずつ位置をずらしたりズーム率を変えたりしながら一枚ずつ紙芝居のように見せていく手法である。動きはカクカクで、速くても一秒に二〜三枚ていど、遅いときは数秒に一枚くらいのペースでゆっくり切り替わっていく。大洋漁業（現・マルハニチロ）「缶詰・ハム・ソーセージ」（一九六〇年、六十秒）を例にとると、お昼の献立に悩む主婦が、「なんにしようかナァ……あ、そうそう」とつぶやく間に、図1・9のような三つのポーズの静止画を一秒ずつ切り替えていく。

言うまでもなくこうした作り方は安上がりである。リミテッドアニメよりもさらにエコノミーなので、予算を節約したい広告主に積極的に活用された。アーカイブを見ていくと、一九五〇年代中盤にはこうした作り方はほとんどなく、五〇年代末から六〇年代初頭にかけて

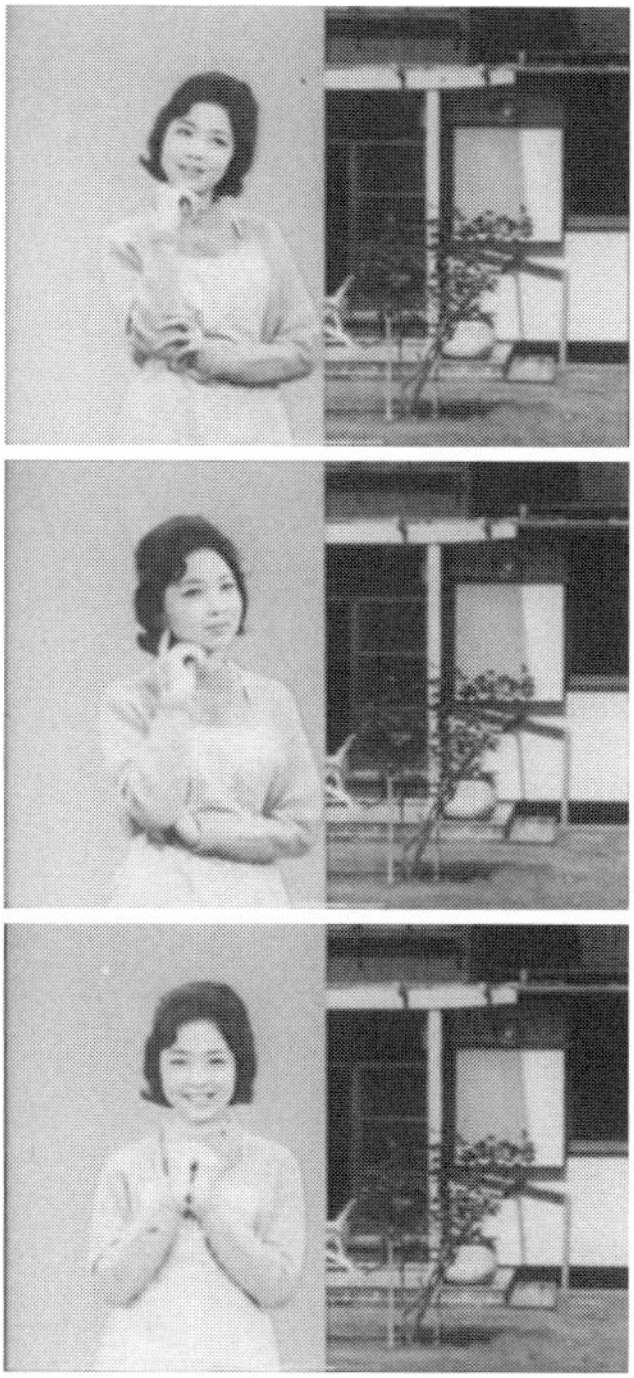

図1・9　大洋漁業「缶詰・ハム・ソーセージ」（1960年）

の数年間がスチールアニメーションCMの全盛期だったようだ。手軽なぶんだけチャチに見えるデメリットを抱えていたので、実写CMのクオリティが上がってきた六〇年代中盤以降は使われなくなったのだと考えられる。

もうひとつは「アニメーテッド・オブジェクト」、いわゆるコマ撮りである。立体物の造形や位置を少しずつ変化させながら撮影していき、それを連続再生すると命を吹き込まれたように動くというもの。人形やクレイ（粘土）を動かすのが基本だが、商品が飛んだり踊ったりするように見せることも多い。

図1・10　田辺製薬「ベキシン」（1957年）

図1・10は田辺製薬（現・田辺三菱製薬）「ベキシン」のCM（一九五七年、九十秒）。男の子と女の子、鳥、ブランコがコマソンに合わせて動く。ベキシンは虫下しで、寄生虫の脅威が弱まった現在では珍しく感じられるが、当時はありふれた薬だった。「虫のいない子ブーン、ブーン、ベキシン飲んだよ元気だよ」というコマソンの歌詞が時代を感じさせる。

アニメ大国・日本の隠されたルーツ

テレビ草創期のアニメCMを簡単に整理してきた。あくまでアーカイブを見た印象だが、アニメCMは六〇年代初頭まで多く、六〇年代中盤から急速に数を減らしていったようだ。考えられる背景はふたつある。

第一に、一九六三年に「鉄腕アトム」や「鉄人28号」などの連続テレビアニメが始まり、CM制作の現場からアニメーターが流出した可能性である。そちらが忙しくてCMどころではなくなったということだ。中小のプロダクションからアニメーターたちが大手に移籍する(引き抜かれる)ことも珍しくなかったという。アニメ番組の急成長が原因で、CMアニメが人材不足に陥ったという側面はおそらくある。

もうひとつの背景は時代の変化だ。高度成長が本格化し、テレビ産業の規模が拡大してCMにかかる予算が高額になっていくと、これまでのように明るく楽しければ何でもよい、というわけにはいかなくなる。ターゲットを明確に定め、消費者心理を読んでメッセージ内容を詰めていくと、CMは視聴者のリアルな日常生活に寄り添いつつ、消費の楽しさを具体的に表現していくようになるから、おのずと実写が増える。そうしてアニメCMはその役割を終えていったのである。

アニメーターたちが裁量で自由に映像を作っていた草創期は、日本のアニメーション技術を育てる大切な時間だった。「よい映像＝よいＣＭ」という方程式が日本アニメの礎を築いたのだ。

第2章

最古のCMたち――実写編

コマーシャル・フィルムにはアニメだけでなくもちろん実写もあった。この章では最初期の実写CMについて考えたい。

まず指摘できるのが、一九五〇年代の実写CMには高度な映像表現がみられないということだ。単純なセットに単純なナレーションで作られ、凝ったカメラワークや映像編集、特殊効果などはまず用いられない。レベルの高いフルアニメーションと比べてどうしても見劣りするが、それは私だけでなく当時の視聴者もそう感じたはずだ。アニメCMが長年のアニメづくりのノウハウを応用できたのに対して、実写映画のノウハウはスムーズにテレビCMに取り入れられず、何をどのように作ればよいのかつかみかねていた様子がうかがえる。

スタジオセットで作るCM

図2・1は味の素のCM（一九五五年、六十秒）。かつおの角煮の作り方をかいつまんで説明するもので、途中で味の素をたっぷり振りかけるシーンがアップで映され、「煮るときに味の素を入れますといっそうおいしくなります」とナレーションが入る。味の素はこういうお料理ひとくちメモ的なCMを得意としていて、かつおの角煮の他にもたけのこ、やつがしらの含め煮、きゅうりもみなどのバージョンがある。

キッチンをよく見ると背景が書き割り（絵で描かれた風景）で、スタジオをキッチンに見立てていることが分かる。撮影のために本物のキッチンを借りることはできたはずだが、書き割りで済ませているところに当時のＣＭ観がよく表れている。つまり、このクオリティで問題ないとみなが思っていたのである。

当時はドラマでもロケをせずにすべてスタジオでやってしまうことがよくあったので、わりと自然な発想だったのだろう。調理シーンのあと母娘がちゃぶ台で食事するシーンが続くが、これもひと目で分かるようなセットだ。

図2・1　味の素（1955年）

シンプルなスタジオセットでの撮影は初期実写CMの定番だった。図2・2にいくつか例をあげる。塩野義製薬「ポポンS」(一九五六年、六十秒)はハイキングに出かける設定で、スタジオに山景色の書き割りを立て、足下には土に見立てた柔らかいフェルト布が敷いてあるように見える。そんな手間をかけるくらいなら素直にロケに出ればいいのにと思うが、予算や機材の問題があったのか、あるいはテレビ芸術はスタジオで生み出すものだという信念があって、あえてこうしているのかもしれない。

図2・2の他の作品も本当にシンプルだ。日本経済新聞は一家そろって楽しそうに新聞を読むだけだし、ソニーは座った女性がトランジスタラジオを掲げて微笑むだけである。書き

図2・2 (上から)塩野義製薬「ポポンS」(1956年)、日本経済新聞(1957年)、東京通信工業「ソニートランジスタラジオ」(1957年)、日本ミッションジュース「ミッションコーラ」(1956年)

割りの前でポーズをとるのは現在のセンスで見るとなんとも殺風景で、シュールですらある。あらゆる文脈から切り離されて、商品をめぐる行為だけが純粋に取り出されたこうした空間は、初期実写CMの大きな特徴になっている。後述するように、一方でロケをするCMもあったのでこれがすべてではないが、ある意味「一大勢力」として、スタジオ撮影は実写CMの基本というべき存在だった。

ミッションコーラの謎

図2・2のなかで個人的にもっとも印象に残っているのが、一番下の「ミッションコーラ」（一九五六年、三十秒）である。「ミッションコーラ……ミッションコーラ……」とエコーのきいたリフレインが鳴り響き、宙に浮いたミッションコーラのビンが登場（吊っているピアノ線が丸見えだが）。そしてコップにミッションコーラが注がれて図のような女性のカットになるのだが、彼女はチラチラとカメラの後ろにいるであろうディレクターのほうに目をやり、なにやらあわててお辞儀をしようとするが、途中でいったん止まってもう一度やり直すというどうにもぎこちない仕上がりだ。

よくこんなクオリティでOKが出たなと最初は思ったのだが、ミッションコーラのことを調べていくと、このCMをあわてて作らなければいけなかった事情がみえてきた。

ミッションコーラはアメリカの商品で、一九五三年から日本ミッションジュース社で製造販売されていた。しかしこれは本国の商品と同じものではなかったようだ。通常、コーラ飲料は原液の状態で輸入して、現地で炭酸水や甘味料などと混ぜて製品化するものだったが、一九五〇年代前半の日本ではコーラ原液の輸入が認められていなかった。コーラが清涼飲料として実力がありすぎるので、国内の清涼飲料メーカーが待ったをかけていたのだ。コカ・コーラやペプシコーラなどの大手だけでなく、ミッションコーラのような中堅も同様だった。原液が手に入らない状況でミッションジュース社が日本で何を売っていたのかよく分からないのだが、関連資料を読む限り、香料や種子に割り当てられた外貨枠の中で（当時は輸入に使える外貨が制限されていた）コーラフレーバーを輸入して、それを元に商品（コーラ味の炭酸水？）を作っていたようだ。

一九五六年十一月一日、通産省はコーラ飲料の原液輸入をついに認め、飲料各社に外貨割当を申請させた。東京飲料社がコカ・コーラ原液を、日本飲料社がペプシコーラ原液を申請したのと同様に、ミッションジュース社も本国ミッションコーラの原液輸入を申請している。で、ここが大事なのだが、プロダクションの台帳によると先ほどのCMフィルムが納品されたのが一九五六年十一月一日、つまり通産省通達の当日なのである。これはいったいどういうことだろうか。

通産省が原液輸入を認める見通しなのを知ったミッションジュース社が、本国と同じ味を出せるのを記念してCMを作ったか、あるいは強敵コカ・コーラがいよいよ国内生産されることに危機感を持って広告を出したか、そのあたりが真相だろうか。原液輸入解禁のニュースと同じタイミングでCMを打てばインパクトがあるから、多少動きが不自然でもOKを出して間に合わせたのではないかと、私はそんなふうに推理している。この数ヶ月後から、国内市場へのダメージを抑えるためにコーラ飲料の広告は当分のあいだ禁止になるので、その前にやり切ったかたちだ。

とはいえ、ミッションジュース社が現存しない今、遠い昔の真相は分からない。二〇一一年、真相を確かめようと思ってネットで調べたミッションの電話番号にかけたら全然違う会社につながり、「ミッションさんは解散したようですよ」と言われ手詰まりになってしまった。奈良時代や平安時代に比べたら戦後昭和のことなんて調べれば何でも分かるような気がするのだが、案外分からないものだ。

缶詰は高級品

スタジオ撮影のCMが日常から切り離されていたのに対して、ロケをおこなったCMには日常の消費場面が（作為的なものとはいえ）記録されているので、そこから読み取れることがいろいろある。いくつかロケCMの例を見てみよう。

図2・3は國分《こくぶ》商店（現・国分グループ本社）「K&K缶詰」（一九五七年、三十秒）。四人家族がフォルクスワーゲンのオープンカーに乗ってピクニックに出かけ、芝生の上に桃の缶詰やコンビーフのサンドイッチを広げて楽しそうに食べる。よく見ると男の子は蝶ネクタイにジャケット、女の子は花の髪飾りにワンピースというピアノの発表会のようなスタイルだ。お父さんお母さんもいい格好をしている。これは「訪問着」や「よそ行き」と呼ばれた特別感のある装いである。なぜそんな格好をしているのか。そしてなぜ庶民に手の届かないフォルクスワーゲンに乗っているのだろうか。

それは缶詰が高級品だったからではないか。「昔は缶詰といえば高級品だったんだよ」「桃缶なんか病気になった時くらいしか食べられなくてねえ……」なんて話を何度も聞いたことがある。しかし、具体的にどのくらい高かったのか知らないので調べてみることにした。

総理府統計局『小売物価統計調査』昭和三十二（一九五七）年版によると、さけ缶が七十五～九十円、牛肉缶が八十五～九十五円、みかん缶（全糖、三百十グラム）が五十～六十円だったという。消費者物価指数５・７を掛ければ現在の価格相当になるので、さけ缶と牛肉缶が五百円くらい、みかん缶が三百円くらいだ。たいしたことないような気もするが、物価に対して収入が相対的に低かったので、体感的にはもっと高い印象だったはずだ。

さらに調べていくと、いくつかの新聞記事からパイナップルの缶詰、通称「パイカン」が

図２・３　國分商店「K&K 缶詰」（1957年）

百八十〜二百円したことがわかった。現在の価格で千円を超えるからこれはさすがに高い。日本国内でパイナップルが採れないからだろう。バナナも同様だが、当時の輸入品は値が張ったのだ。沖縄産や台湾産のパイナップルが安定的に確保できるようになった一九五八年には百五十円程度まで値下がりしたようだが、それでも高い。

國分のCMに出てくる桃缶とコンビーフはどうだろうか。SUNYOブランドで知られる逸見山陽堂の刊行物『山陽堂商報』によると、一九五九年の東京卸値で桃缶4号（スーパーでよく見かける大きめの缶）が七十〜八十五円、コンビーフ百十グラム（標準的な小さな缶）が九十円とのことである（公益社団法人日本缶詰びん詰レトルト食品協会のご教示による）。卸値なので売値はこれより高くなるが、卸の時点ですでに現在の価格で桃缶四百五十円、コンビーフ五百円するのでなかなか高い。

やはり缶詰は高級品だったのだ。目の玉が飛び出るほど高いわけではないが、気軽に食べるにはちょっと尻込みする価格である。「ちょい高」といった感じだろうか。だから國分はブルジョア家族を出演させて高級感を醸し出そうとしたのかもしれない。

ところで、さきほどの『小売物価統計調査』によると、バヤリース二百㎖が四十五円（現在の二百五十円）、ビール大びん一本が百二十五円（現在の七百円）とあり、個人的には缶詰よりもインパクトが強く、「た、高い！」と思わず声に出してしまった。バヤリースやキリンレモンなど、甘味料に本物の砂糖を使っているジュースは高かったと聞いたことがある。桃缶が高いのもシロップ漬けに本物の砂糖を使っているのがおそらく一因だ。

大学生と学生服

図2・4（50ページ）は倉敷レイヨン（現・クラレ）「倉敷ビニロン学生服」（一九五七年、四十五秒）。明治神宮外苑の芝生でくつろいで読書するひとりの男子大学生。そこに近くの草野球場からボールが転がってくる。さっそうと投げ返したあと、大学生はおもむろに詰襟の学生服を着てその場を去る。

今となっては信じられないが、昭和三十年代の男子大学生は学生服を着るのが当たり前だった。制服ではなくあくまで自主的に着るのである。一九五八年から一九六二年まで早稲田大学で過ごした父親に話を聞くと、やはりほとんどの男子が学生服だったという。ただし上下そろえている人と、下は別のズボンをはく人がいたようだ（父親は後者）。ネットで昭和三十年代の大学生の画像を検索しても学生服姿がほとんどだ。

服を買うお金がないという現実的な問題が大きかったとは思うが、学生服を着るのがある

図2・4　倉敷レイヨン「倉敷ビニロン学生服」(1957年)

種のステイタスだったという側面もあるだろう。一流大学なら校章を光らせて街を闊歩したいだろうし、下駄ばきでバンカラを気取りたい人もいたはずだ。四年制大学の進学率が男子十五%、女子が二・五%ていどだった当時、学生服はある種の特権意識と結びつくような、アイデンティティと深く関わる文化だったのだ。

そんな学生服文化は一九六〇年代を通じてすたれていった。読売新聞一九六五年四月五日記事「もっとも好ましい大学生の服装」によると、だいぶ前から学生服廃止運動がおこなわれていて、六五年の段階で学生服の着用率は四十%まで下がっていたという。アーカイブで学生服のCMに「大学生」という言葉が出てくるのも六五年が最後なので、その頃から急速にマイナー化していったようだ。大学生の自由に使えるお金が増え、アイビー・ルックなど若い男性向けのファッションが充実し、そこに既成権力を打倒しようとする七〇年安保の波が来て、大学生の学生服文化は一気に萎《な》えてしまった。そして体育会や応援団などの硬派だけが着るものに変わっていったのである。

結婚式は和装か洋装か

図2・5（52ページ）は東京・半蔵門の結婚式場「東條會館」（一九五七年、六十秒）。アーカイブには東條會館と日本閣（東京・東中野）のCMがいくつかあるが、式の様子が映っているものはすべて神前式である。その多くは篳篥《ひちりき》がプイ～と鳴り響く「越天楽」がBGMなのだが、東條會館のこのCMだけは、神主さんが榊《さかき》をバサーッバサーッとやっているシーン（3コマ目）にパイプオルガンによるワグナー「結婚行進曲」をあてていて、何ともいえない和洋折衷感をかもし出している。

この頃の冠婚葬祭マニュアルを読むと、式場やホテルでおこなわれる結婚式はほぼすべて神前式だったことが分かる。キリスト教式の結婚式はキリスト教徒が本物の教会でおこなう

図2・5　東條會館（1957年）

もので、いまではどこにでもあるような結婚式教会やホテルのチャペルが当時は存在しなかったのである。だから式場やホテルで挙式をする場合、神前式にふさわしく新婦はみな白無垢や色打掛の和装だったかというと、実はそうでもなかったようだ。私の両親は一九六三年に結婚しているが、ウェディングドレスとモーニングで神前結婚式を挙げた。父親によると、「それが普通」だったそうだ。築地本願寺が有名な仏式結婚式でも、ウェディングドレスを着て挙式にのぞむ花嫁の写真が冠婚葬祭マニュアル『結婚礼法と祝辞』（一九五九年）に載っている。

同書に載った主な式場のサービス内容を見ると、挙式の種類は神前式しかないのに、貸衣装一覧には打掛や振袖と並んで洋装、つまりウェディングドレスが入っていることが多い。中には和装からウェディングドレスにお色直しした人もいたかもしれないが、お金がかかるので少数派だろう。私の母のように、神前結婚式から披露宴まですべてウェディングドレス一着でとおした人が大半だったと思う。いまでは神前式なら和装のイメージが強いが、当時はそんなにこだわりはなかったのだ。ワグナーをバックに榊を振る東條會館のＣＭは、そのこだわりのなさをよく表しているのかもしれない。

工場見学するＣＭ

初期の実写ＣＭによく見られるスタイルに「工場見学」がある。工場の生産ラインや各種の設備を見せて、その先進性や衛生面の行き届いた様子をアピールするものだ。工場で作られる商品ならば何でもありで、機械製品や化学製品はもちろん、食品、化粧品、書籍などさまざまな業種で工場見学ＣＭを制作している。

図2・6（54ページ）はハリス（現・クラシエフーズ）「ハリスチウインガム」（一九五六年、九十秒）。まずは研究所が映される。ところ狭しと並ぶ実験器具。フラスコやビーカーに薬

図2・6　ハリス「ハリスチウインガム」(1956年)

液が注がれ、白衣を着た研究員が何かを調べている様子はまったく食品のCMに見えない。場面が変わるとこんどはパイプが張りめぐらされた巨大な工場設備が映し出され、ナレーションが次のように述べる。

「ガムの原料となる酢酸ビニールは、近代的設備の化学工場で作られています」

口に入れるものの広告で「化学工場」や「酢酸ビニール」といった単語が高らかに読み上げられるのは、現在の感覚では理解しがたいのではないだろうか。しかも映像にはものものしい実験室や工場機械が映し出されているのである。食品の持つ化学性や工業性は、現在ではなるべく見て見ぬふりをするというか、理解しつつも目をそらすようなことだと思うが、当時は逆に、それこそがアピールすべきポイントだったのだ。

「ハウス食品工業」や「カルピス食品工業」などの旧社名が示すように、当時は食品が工業生産されることに誇りとアイデンティティを持つ時代だった。最新の設備と科学技術で作られているからこそ、その食品は安全と安心をアピールできたのである。しかし現在では「工業」を冠する食品会社はたいへん少なくなった。価値観が変わったのだ。工場見学ＣＭは、テクノロジーを素朴に信じることができた昭和三十年代の価値観を象徴するような存在であると思う。

ちなみに、このＣＭに映されているハリスの工場は大阪・都島の鐘紡《かねぼう》工場の敷地内にあり、ハリスガムの原料になった酢酸ビニールは、カネボウの関連会社・鐘淵《かねがふち》化学工業（現・カネカ）が開発したものだという。ハリス創業者とカネボウには深い縁があった。ハリスは一九六四年にカネボウに吸収されてカネボウハリスとなる。

図2・7　東京書籍（1960年）

他の工場見学ＣＭもほとんどがハリスのようにテクノロジーをアピールする目的で作られたと思われるが、例外として図2・7「東京書籍」（一九六〇年、四十五秒）をあげたい。教科書の製本過程を映したもので、機械のアームがガチャコン、ガチャコンとリズムよく本を揃えていく様子はいかにも子どもが好きそうだ。このＣＭは日本教育テレビ（以下「ＮＥＴ」と表記、現・テレビ朝日）で毎週月曜日午前中に放送されていた「新しい社会」という教育番組の冒頭に挿入されたものである（当時NETは一定量の教育番組を放送する決まりになっていた）。アームの小気味よいリズムが、子どもウケも工場見学CMのひとつの魅力だったことを教えてくれる。

実写とアニメの合成

第1章でアニメCM、本章で実写CMと分けて見てきたが、ひとつのCMの中でアニメと実写が両方用いられることもある。例えば図2・8の三菱電機「三菱洗濯機」（一九五五年、六十秒）は開始十三秒から二十八秒までが上図のようなアニメーションで（バレリーナが洗濯槽の水流を表している）、残りが下図のような実写である。このようにアニメ／実写併用のほとんどはそれぞれのパートが別々に出てくるかたちだ。

　しかし、まれにアニメと実写が同時に出てくるケース、いわゆる「合成」を用いた

図2・8　三菱電機「三菱洗濯機」（1955年）

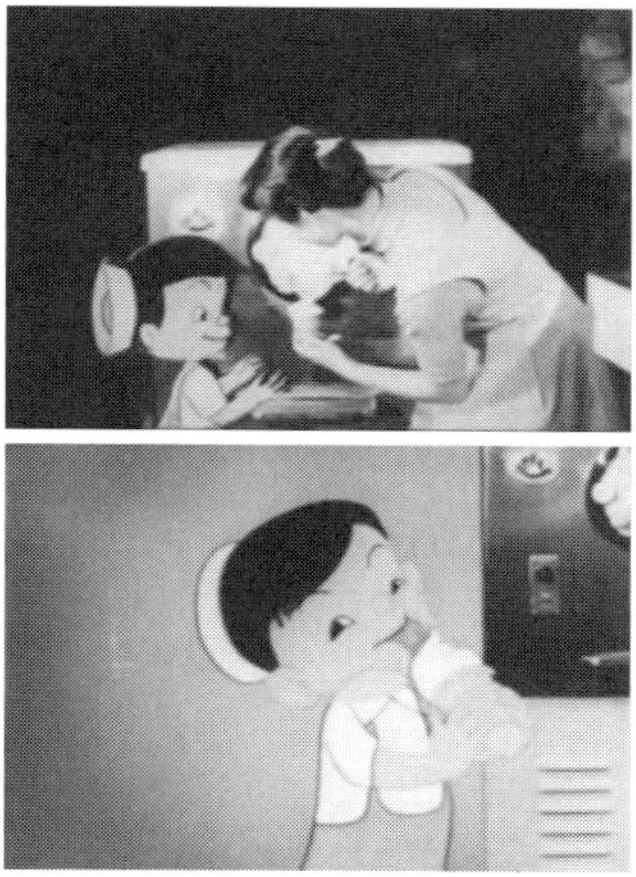

図2・9　東和「スピードフリーザー」（1956年）

ものもある。図2・9は東和「スピードフリーザー」（一九五六年、六十秒）。当時新商品としてブームだったソフトクリームの製造機である。アニメの少年が実写のお姉さんからソフトクリームをもらっておいしそうに食べるシーンが合成になっている。よく見ると少年のアゴの部分が透けてしまっていてあまり上手な仕上がりではないのだが、合成という意欲的な映像表現にチャレンジした心意気は受け止めたい。

東和は東京・日本橋に会社をかまえ、ラジオ東京テレビ（以下「KRテレビ」と表記、現TBS）ゴールデンタイムのクイズ番組「私は顔役」を提供していた。おそらくその時間帯に流されたCMである。

実写のメリットとは何だったか

初期の実写CMは単純で原始的で、お世辞にも質が高いものとは言えない。現在の感覚ではそのチープさこそがクセになって楽しめそうだが、当時の視聴者からすると、明るく楽しいアニメとの対比もあってあまり面白くなかったのではないか。しかし、何のメリットもないのに広告主が実写ＣＭを使ったとは考えられない。何かいいことがあったから使われたのだ。当時のＣＭハウツー本では、実写ＣＭの良さが次のように説明されている。

「親しみと信頼性の高い表現（中略）説明なしでもある程度の理解力を視聴者に与えるから納得性にとんでいる」（衣笠静夫編『テレビ放送の広告』一九五九年）、「実写は聴視者に親近感を与えながら説得をするのに最も適した技法です」（大伏肇『テレビ・ラジオの広告技術』一九五八年）。

「親近感」「信頼性」「説得力」が実写ＣＭのメリットだと考えられていたことが分かる。これはアニメのデメリットと対になったもので、アニメは明るく楽しく印象形成に役立つ反面、親近感、信頼性、説得力に欠けると言われていた。実写は生身の人間や実際の商品がしっかり映されるから、これらの要素にすぐれているとされたのである。

広告は、使う人や使う場面の具体的なイメージがともなうとグッと情報量が増して受け手に届きやすくなる。当時の実写ＣＭは、原始的ではあったがそれをあるていど達成していたからこそ広告主に好まれたのだろう。アニメよりもリアルな実写ＣＭは、そのメリットをどのように活かすか最初は四苦八苦していたが、だんだんとコツをつかんでいき、一九六〇年代以降に大きく発展していくことになる。五〇年代はその準備期間で、試行錯誤が垣間見えるのが面白い。

第3章

今はなきCMたち

この章では今はなきCMを取り上げたい。「今はなき」という言葉に私はふたつの意味を込めている。ひとつは「商品がなくなってしまった」という意味、もうひとつは「商品は健在だがCMをしなくなった」という意味である。前者は販売を終了した商品や閉館・閉園した施設などを指す。後者にはふたつのパターンがあって、定番になりすぎてマス広告の必要がなくなった商品と、逆にマイナーになりすぎてマス広告から撤退した商品がある。いずれも、現在とは異なる昭和三十年代独特の消費文化を伝えてくれるものだ。まずは商品がなくなってしまったものから見ていこう。

ソノシートがひらいた音の世界

図3・1はコダマプレス「歌う雑誌KODAMA」（一九六〇年、六十秒）。ソノシート付き雑誌である。といっても若い人にはさっぱりなじみがないかもしれないが、ソノシートはアナログレコードの一種で、特殊な工法によってクルリと巻けるくらいペラペラに薄く柔らかく作られたものだ。これに音楽、おはなし、ドキュメンタリーなどを録音して何枚も雑誌にはさみ込む。雑誌といっても直径十七センチのソノシートがぴったり収まる小型の正方形で、数十ページしかない薄い冊子だ。

ソノシート付き雑誌は一九五八年にフランスで始まり、翌五九年十一月に法律系出版社の有《ゆう》斐《ひ》閣《かく》が立ち上げたコダマプレス社が『歌う雑誌ＫＯＤＡＭＡ』を創刊、十二月には朝日新聞社が立ち上げた朝日ソノプレス社が『朝日ソノラマ』を創刊した（売れゆきはこちらのほうがはるかに良かった）。それからしばらくの間、多くのソノシート付き雑誌が創刊されてブームになったという。

私の手もとに『歌う雑誌ＫＯＤＡＭＡ』の創刊号がある。二十二ページの冊子に四枚のソノシートがはさまっていて、内容は（1）新雪をテーマにした朗読と合唱、（2）秋をテー

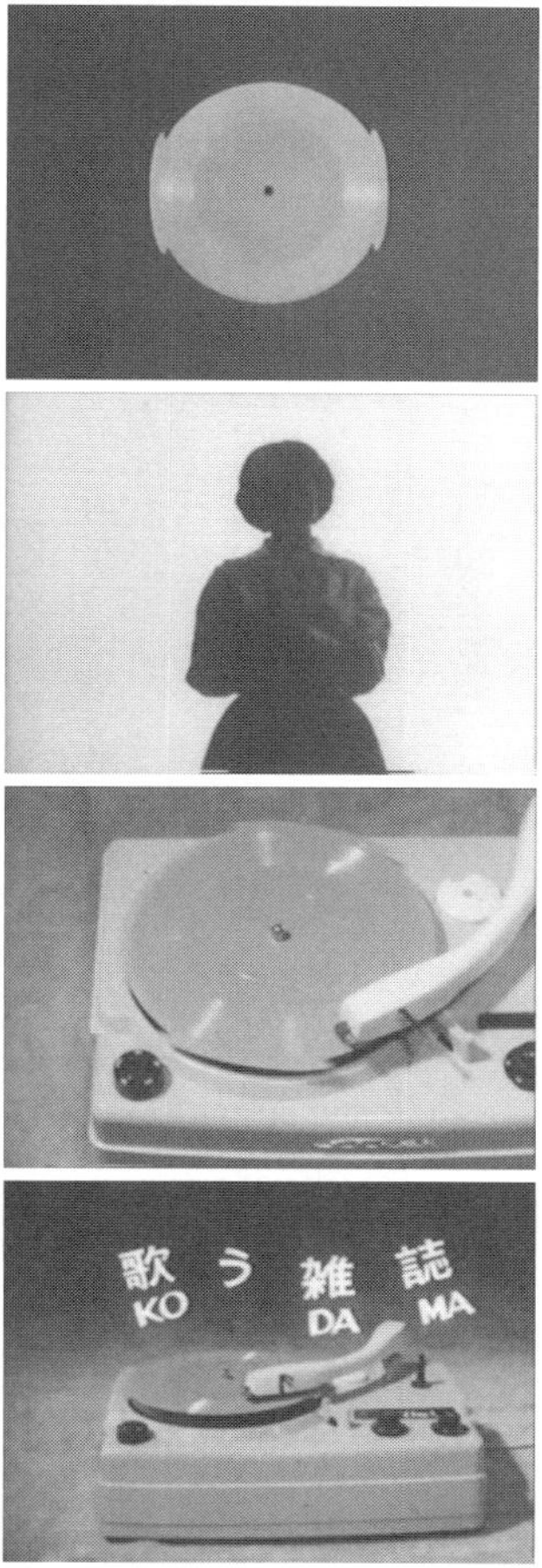

図3・1　コダマプレス「歌う雑誌 KODAMA」（1960年）

マにしたジャズ三曲、(3)クラシックをアレンジしたジャズ二曲、(4)英会話、となっている。これで二百八十円、現在の価格で千六百円くらいなので、シングル四枚の値段と考えればお得だ。

お得な値段でいろんな音楽がちょっとずつ聴けるのが『歌う雑誌KODAMA』の魅力だった。創刊からしばらくたつと英会話や朗読がなくなり、ほぼ音楽に特化した内容になっていく。一方の『朝日ソノラマ』がニュース音源や各地の音風景など、ジャーナリスティックな路線に強かったのとは対照的である。

当時はテープレコーダーが一般家庭に普及しておらず、繰り返し楽しめる聴覚メディアといえばレコードだった。そのレコードが割れにくい材質によって雑誌にはさめるようになり、それを活かした新しい商品が出たのだから、当然、ソノシート付き雑誌への注目度は高かった。現在の感覚ではこんな雑誌が何万部も売れたというのは不思議な気もするが、当時の限られたメディア環境の中では、ワクワクするような新しい音の世界がそこにあったのだと思う。

しかしブームは去り、メディア環境も変化していき、『歌う雑誌KODAMA』は一九六七年に終刊、『朝日ソノラマ』も七三年に終刊する。ソノシート自体は生産が続き、子ども向けのテレビ主題歌や児童雑誌のふろくなどで八〇年代までよく使われた。私のような七〇年代生まれにもソノシートが懐かしいのはそのためだ。しかし、CD時代の到来でアナログレコードの需要は急減し、ソノシートは二〇〇五年に日本国内での生産を終了した。

夢の店——オリエンタル中村百貨店

図3・2は名古屋・栄にあった百貨店「オリエンタル中村百貨店」のCM（一九六一年、六十秒）。名古屋出身者でも若い世代にはピンとこないかもしれないが、現在の名古屋三越の場所で一九八〇年まで営業していた大手百貨店である。

図3・2　オリエンタル中村百貨店（1961年）

このCMは最初から最後まで歌（コマーシャルソング）で通す「シンギングコマーシャル」と呼ばれるスタイルで、若い男女三人がミュージカルショウのように歌い踊る。「チューリップ咲いてるあそこ、栄町のあそこ、夢の店中村よ、オリエンタル中村ね、あそこね」。歌う女性の声は伸びやかで、弾むように踊る三人の若者たちからは、買い物の楽しさやモノのある暮らしの喜びがストレートに伝わってくる。歌って踊るCMは高度成長の明るさと興奮が画面からあふれ出してきて、見るのがとても楽しい。まさに消費の殿堂・百貨店のCMという感じだ。

昭和三十年代、全国の県庁所在地や大きな街の商店街では、たいてい真ん中に百貨店があった。百貨店こそが消費の中心であり、CMの歌詞にあるように「夢の店」だったのだ。そして百貨店は有力なテレビ広告主でもあった。しかしその後、流通の構造が大きく変化し、ショッピングモールやロードサイドのチェーン店などに客を奪われて商店街は衰退した。街の顔だった百貨店も、多くが閉店したりさびれたりしているのは周知のとおりである。みなさんの地元はどうだろうか。

アーカイブには今はなき百貨店の姿がいくつも収められている。図3・3に例をあげた。白木屋《しろきや》は東京・日本橋にあった老舗百貨店で、一九六七年に東急百貨店に改称したのち九九年に閉店。跡地にはＣＯＲＥＤＯ日本橋がある。有楽町そごうは一九五七年の開店。キャンペーンソング「有楽町で逢いましょう」が大ヒットして、最先端のお買い物スポットとして人気になった。二〇〇〇年に閉店して現在はビックカメラになっている。丸光《まるみつ》は藤崎、三越とならぶ仙台を代表する百貨店で、仙台駅前の名物だったが、八〇年代から店名を何度か変更したのちさくら野百貨店になった。そのさくら野も二〇一七年に閉店している。なお、このＣＭに登場する金井克子は歌をうたっているが、仙台っ子に知られたイメージソング（愛のある街丸光）とは別の曲である。

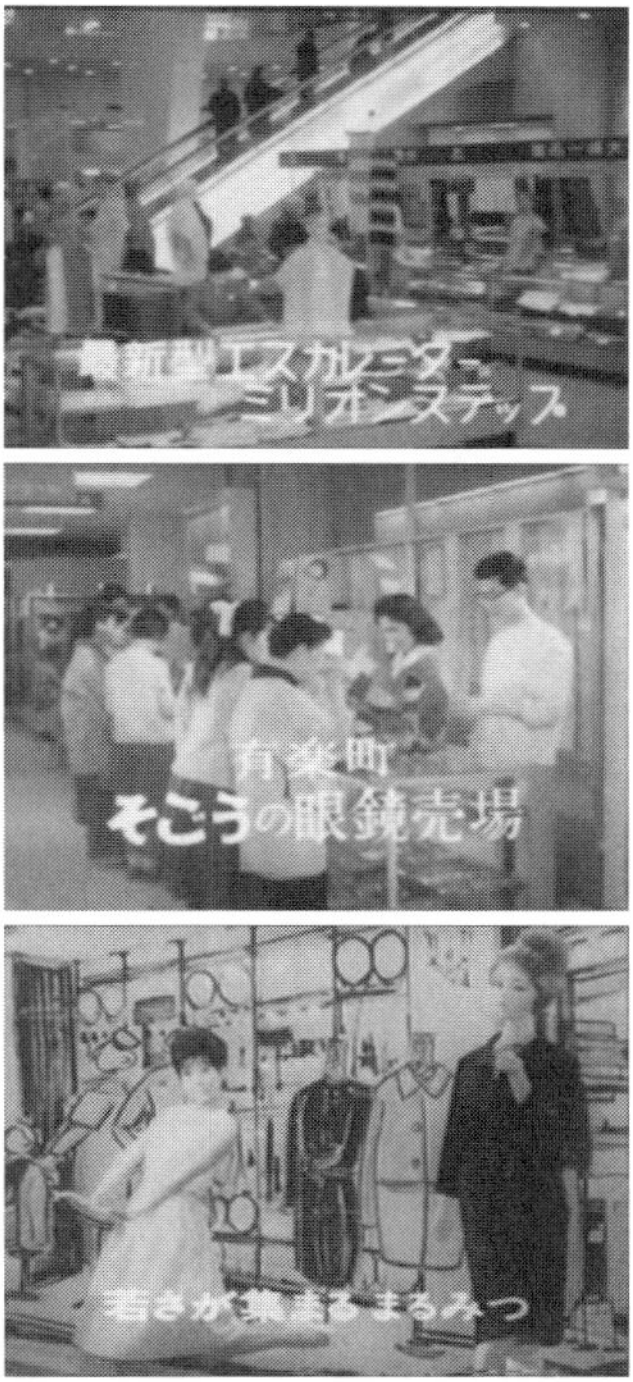

図3・3
（上）白木屋（1957年）
（中）有楽町そごう（1958年）
（下）丸光（1965年）

百貨店の大食堂が楽しみだったとか、屋上遊園地で遊んだとか、おもちゃ売り場に興奮したとか、中年以上の世代には百貨店の思い出を語る人が多い。百貨店は代表的な昭和ノスタルジーである。しかし今の若い人にも、ジャスコの三階のゲームコーナーでムシキングに夢中になったとか、家族でフードコートに行くのが楽しみだったとか、同じような思い出はある。今も昔も、消費の殿堂は人びとの記憶に残る「夢の店」なのだろう。

オリエンタル中村時代に屋上に設置され、子どもたちに人気だった観覧車が、名古屋三越の屋上に今でも残っている。現存する最古の屋上観覧車として二〇〇七年に国の登録有形文化財に指定された。乗車はできないが休日だけ回しているという。私は回していない日に見に行ったが、穏やかにたたずんでいた。昭和の夢の店の遺構だ。

夢の国 ―― ドリームランド

百貨店とならんで、昭和ノスタルジーでよく取り上げられる思い出の場所に遊園地がある。今では一九八三年開園の東京ディズニーリゾートと、二〇〇一年開園のユニバーサル・スタジオ・ジャパンが圧倒的な人気だが、これらの施設ができる前にも全国にさまざまな遊園地やレジャーランドがあった。

図3・4は奈良県にあった遊園地「ドリームランド」の開園告知CM（一九六一年、三十秒）。百貨店は夢の店だったが、こちらは夢の国である。「奈良の夢の国」と銘打ち、CMの冒頭に「ディズニーランドの日本版」というキャッチフレーズが出てくる。まだ建設中だからか実写ではなくアニメで作られていて、幻想の国、未来の国、冒険の国が次々と紹介されていく。

これは明らかに、ファンタジーランド、トゥモローランド、アドベンチャーランドの模倣であり、まさしくディズニーランドの日本版だった。ところがドリームランドは、本国アメ

図3・4　ドリームランド（1961年）

リカのディズニーと何らかの正式な契約を結んだわけではなかったようだ。東京ディズニーリゾートを経営するオリエンタルランドの元社長・加賀見俊夫の回想によると、「国内のある会社がカリフォルニアのディズニーランドへ行き、パチパチ写真を撮って帰国し、ディズニーランドをまねた遊園地を無断で造ってしまった」ために、日本に対する信用が損なわれ、一九六〇年代はディズニーランド日本誘致の交渉がうまく進まなかったという。証言に出てくる無断で造った遊園地というのは間違いなくドリームランドのことだ。

さいわい訴訟のような深刻な事態にはいたらず、ドリームランドは一九六一年七月一日に無事に開園した。六〇年代後半から七〇年代前半にかけてが最盛期で、一年の入場者数は約百六十万人に達した。しかし、しだいに集客力が衰えて遊園地はさびれていき、二〇〇六年八月三十一日に閉園。二〇〇五年度の入場者数は約四十万人まで落ち込んでいたという。跡地は再開発の議論が進まず長らく廃墟になっていた。一九六四年に開園した系列の横浜ドリームランドも二〇〇二年に営業を終了している。

ドリームランドは近年まで存続していたので、若い世代にも思い入れがある人はいるだろう。末期のさびれた印象が強いかもしれないが、開園してしばらくはにぎやかで、まさに夢の国だったのだ。開園した一九六一年は「レジャー」という言葉がブームになった年である。

余暇を積極的に楽しむことがもてはやされ、スキー、スケート、登山などのアウトドアをはじめ、さまざまな行楽地が人気となった。ドリームランドもレジャーブームの流れにうまく乗って集客を伸ばしたのだろう。

百貨店も遊園地も、当時の日本人、とりわけ子どもにとっては非日常の空間だった。ドキドキワクワクする非日常の経験は強く心に刻まれ、たとえ施設自体はあとかたもなく消えてしまっても、思い出が消えることはない。

テレビは故障した

図3・5（72ページ）は内外テレビサービス販売「テレビ健康保険」（一九五八年、六十秒）。テレビの修理サービスのＣＭである。ブラウン管の画がゆがむ、ボケる、二重や三重に見えるなどのトラブルに、電話一本でバイクに乗ってかけつけてくれる。保険に入って毎月掛金を支払っていれば修理代は無料で、修理中は代わりのテレビを貸してくれるという。会社は東京都渋谷区隠田《おんでん》（現在の神宮前）にあったので、そこからバイクで行けるエリア限定の商売だったと思われる。

こうした商売が成り立つのは、テレビが故障しやすく、自力でメンテナンスするのが難し

図３・５　内外テレビサービス販売「テレビ健康保険」(1958年)

い機械だったからだ。ＣＭではテレビの内部構造を映し出し、「ご覧のようにテレビは大変複雑な機械ですから、ちょっとした故障でも優秀な設備、最大の規模を誇る内外テレビへまずご相談ください」と訴える。

今ではテレビが壊れること自体少なくなった。仮に壊れても、中身を開いて回路とにらめっこするようなことはないだろう。私たちの多くはメカの内部構造に関心を持たなくなったし、それが物理的に動作する機械であることさえ、あまり意識しなくなったのではないだろうか。

しかし、当時の家電製品はドライバーを握ってにらめっこするようなメカだった。初期にはテレビを自作する人もいた。ＮＨＫ東京テレビジョンが開局した一九五三年二月、受信契約した八百六十六台の約半数が無線マニアによる自作機だったのは有名な話である。一九五〇年代のテレビには「セット販売」と「キット販売」があって、セットは組み立て済みの完成品、キットは部品の詰め合わせで自分で組み立てるものだった（図3・6）。キットは少し値段が安くそれなりに売れていたようだ。当時の人びとにとってテレビの内部構造は今よりも身近だったのである。

図3・6　『ラジオテレビ産業』1956年6月1日号

テレビをパーツから組み立てるような人であれば、ちょっとした故障なら自分で直してしまったかもしれない。しかし、当時の誰もがメカに詳しかったわけではない。機械オンチの人もけっこういたはずで、そこに内外テレビのような商売が成り立つ余地があった。内外テレビはテレビ受像機を月賦販売するのがメインの事業だったようで、そのアフターサービスで培ったノウハウを元に事業を拡大したと考えられる。

テレビの故障は一九六〇～七〇年代にもよくあった。当時のギャグマンガに、テレビの上部をバシン！　とチョップして画面の乱れを直すシーンが出てきたりする。今でもスマホの不具合などはたまにあるが、分解して中身を見てみようという気にはならないし、見てもたぶん何も分からない。チョップして直そうという感じでもない。どちらかというと、プリンターの紙が詰まって中を開けて破れた紙をバリバリと引っ張り出すときの、あの手触りに近いものが当時のテレビにはあったのだろうと思う。テレビに生々しいメカっぽさが宿っていたころの話である。

一一〇番と押し売り

ここからは、なくなってしまったものではなく、今でもあるけれどＣＭでは見かけなくなったものを取り上げたい。

まずは、商品ではないが図３・７「警察は一一〇番」（一九五九年、三十秒）。団地かアパートの一室に上がり込み、やいやい！　このタワシを買わねえか！　とすごむ押し売り（実際は緊張感のある音楽だけが流れてセリフはないが）。あわてて一一〇番通報するとまもなくパトカーのサイレンが聞こえてきて、押し売りは青ざめて逃げだそうとするが転んでしまう。

一一〇番にかければ警察につながるようになったのは一九四八年十月からである。都市部で順次導入されたが全国共通というわけではなく、関西では四桁の一一一〇番が使われるなど地域によってばらつきがあった。全国的に一一〇番になったのは一九五四年のことだが、個人が一一〇番を使っていた地域もあったので時間をかけて統一させていった。

しかしすぐに定着したわけではないようだ。たとえば一九五八年の新聞記事によると、千葉県市川市では警察への通報の半分以上が口頭によるもので、警察は一一〇番の積極利用を呼びかけたという。当時は自宅に電話を引いている家が少なかったので仕方がない部分もあ

図3・7　警視庁「警察は110番」(1959年)

るが、これから自宅電話が普及していくにあたり、一一〇番を確実に周知しておきたい思惑でこのCMを作ったのかもしれない。

それにしても押し売りというのが時代を感じさせる。当時の新聞記事を検索すると、押し売り被害に関するものがたくさんヒットする。マンガ『サザエさん』や『ドラえもん』にもしばしば登場するように（マンガの場合たいていマヌケなのだが）、押し売りはなじみ深い存在だった。

新聞記事を読むと、玄関先で、「おれァ昨日ムショから出てきたばかりなんだ」とすごんでゴムひもなどを高額で売りつけるという、マンガでもおなじみのパターンが実際に多かったようだが、他にも女性を含むグループだったり、勝手に消毒剤をまいて料金を請求したり、手口はバラエティに富んでいる。読売新聞東京朝刊では一九五八年四月六日から八日まで押し売りの連載特集を組んでいて、社会問題になっていたことがうかがえる。このCMは当時の視聴者にとってリアルなものだったのだ。

プラスチックが日本を変える

図3・8は積水化学工業の「ポリペール」（一九六三年、十五秒）。商品名だと分かりにく

いが、飲食店の勝手口の脇によく置いてある水色のフタ付きプラスチックごみ箱のことだ。「あれのテレビCMなんかあったの?」と驚く人もいるだろう。どんなにありふれた商品でもういういしい新発売の頃があり、広告が作られてセールスポイントが語られていたのだ。

ポリペールのCMで語られたセールスポイントは「町を清潔にする」だった。そんなのゴミ箱なんだから当たり前でしょ、と思うかもしれないが、この言葉に込められた意味はもう少し深い。このキャッチフレーズは、当時の主流だった木のゴミ箱との対比でポリペールの強みをたくみに表現したものなのだ。

図3・8　積水化学工業「ポリペール」（1963年）

六〇年代初頭、高度成長によって日本は大量生産大量消費の時代に入ったが、増え続けるゴミの出しどころは相変わらず道ばたに固定された木製のゴミ箱で、悪臭、ハエ、美観を損ねるなどの問題を抱えていた。おりしも東京オリンピックを控えて町の美化と衛生の向上が叫ばれていた中、ポリペールは丈夫で移動が容易、清掃も簡単、きっちりしまるフタで臭いと虫の問題も解決できるという、木製ゴミ箱の問題点をことごとく乗り越える革新的アイテムとして登場した。まさに町内美化の救世主であった。このCMとほぼ同時期の新聞広告で、積水化学は次のような言葉を載せている。

「プラスチックが日本をかえる」「プラスチックを通じて、町がきれいになる」

今ではお地蔵さんのように町の片隅に静かにたたずむポリペールだが、五十年前は日本を変えるほどの大使命を帯びて活躍していた。そう思うと、あの青いごみ箱を見る目も変わってくるというものだ。リスペクト・ポリペールである。

豆炭あんか・ふとん袋・樟脳

一一〇番やポリペールのように、メジャーになりすぎて広告しなくなったものがある一方で、マイナーになりすぎて広告しなくなったものもある。昭和三十年代にはどの家庭にもあ

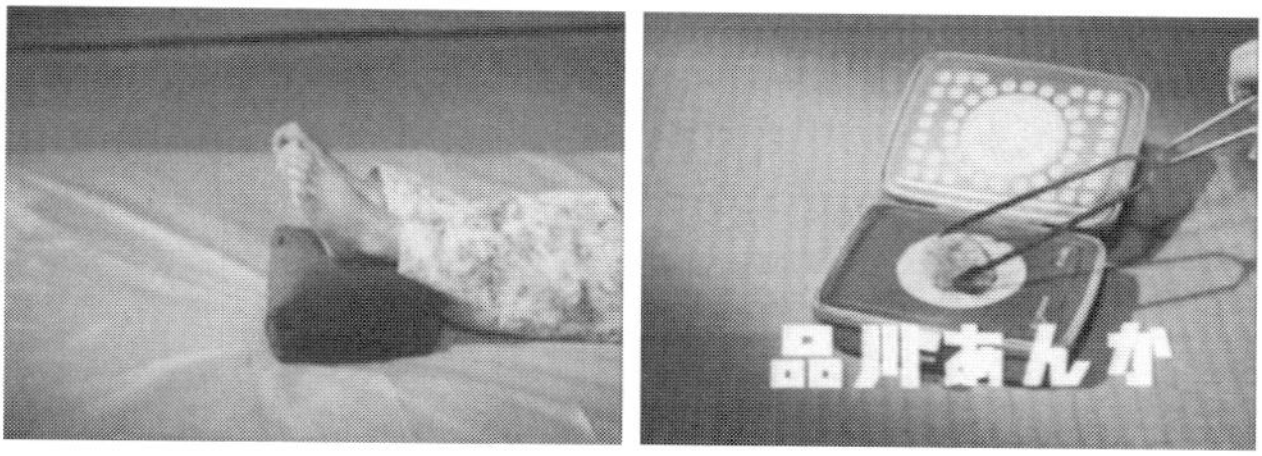

図3・9　品川燃料「品川あんか」(1960年)

って、いろいろと新商品が出て広告をしていたけれども、その後ほとんど使われなくなったもの。でも絶滅したわけではなくて地味に売られているもの。そんな「まだあったんだ」的な商品のメジャー時代の姿が、CMには収められている。

図3・9は品川燃料(現・シナネン)「品川あんか」(一九六〇年、三十秒)。豆炭を使った足温器である。当時すでに電気ストーブ、ガスストーブ、石油ストーブはあったが、まだまだ主役は練炭や豆炭を使った掘りごたつや火鉢だった。豆炭は当時けっしてオールドタイプな燃料ではなく、品川あんかは一九五九年九月に発売されたれっきとした新商品である。湯たんぽに代わる新しい足温器として、最新の研究成果に基づいて開発されたものだった。電気・ガス・石油ストーブが普及したあとも、就寝時に経済的に暖をとる手段として豆炭あんかはしばらく使われ続けた。

シナネンは二〇一六年に豆炭と関連製品の製造販売を終了したが、今でもミツウロコヴェッセルと十全商会が豆炭あんかの販売

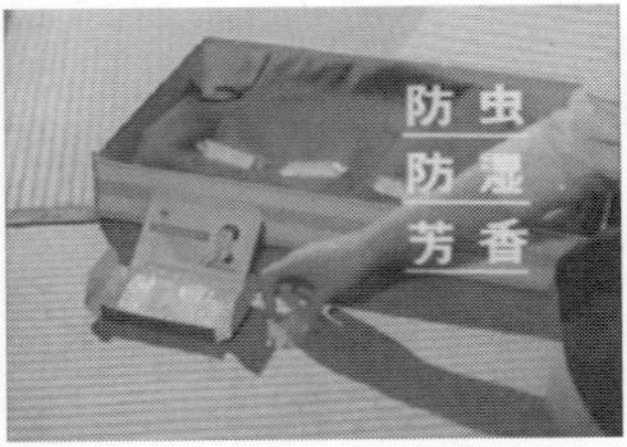

（右）図3・10　赤玉本舗「赤玉フトン袋」（1957年）
（左）図3・11　藤沢薬品工業「藤澤樟脳」（1959年）

を続けていて、アウトドア製品としてファンに愛用されている。
図3・10は赤玉本舗（現・赤玉）「赤玉フトン袋」（一九五七年、三十秒）、図3・11は藤沢薬品工業（現・アステラス製薬）「藤澤樟脳」（一九五九年、三十秒）。いずれも豆炭あんかと同じく、当時はメジャーだったけど今ではマイナー、でも商品自体は健在である。ふとん袋とはふとんの保管や運搬に用いる専用の収納袋で、昔は多くの家庭で用いられていた。赤玉本舗はふとん袋専門の会社として創業し、全国にホーロー看板を設置するなどの広告活動で知名度を上げた。テレビCMも意欲的な広告活動の一環だったのだろう。赤玉は現在でもふとん袋の製造販売を続けている。

樟脳はクスノキの成分から作られ、ハッカのような独特の香りがする防虫剤で、藤澤樟脳はトップブランドだった。同時代には小林脳行（現・小林製薬）のモスビーズや鎌田商会（現・白元アース）のパラゾールなど人気商品があったが、樟脳も伝統的な防虫剤としてひろく使われていた。藤沢薬品工業は一八九四年に創業して九七年から藤澤樟脳を販売しており、会社の歴史とともにあった商品である。現在は第一三共ヘルスケアから販売されている。

タバコ天国

今ではCMをしなくなった商品の最後の例としてタバコを挙げたい。図3・12は専売公社(現・JT)「ハイライト」(一九六〇年、三十秒)。コバルトブルーのパッケージでおなじみの

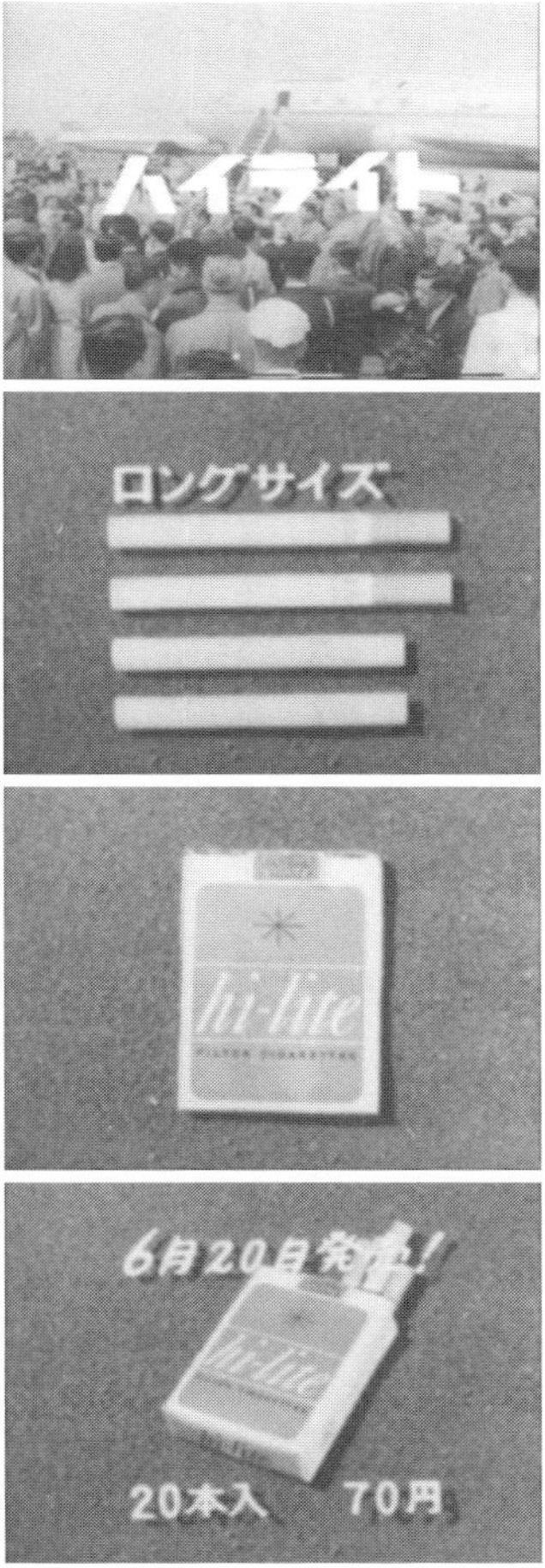

図3・12　専売公社「ハイライト」(1960年)

ハイライトの新発売を知らせるCMである。

今ではもっともキツい部類に入るヘビーなタバコだが、ナレーションは「軽い味のタバコ」とうたっていて驚かされる。当時の他のタバコと比べて1センチ長く、フィルターがついており、実際に軽かったのかもしれない。とはいえ私も喫煙者だった頃にハイライトを吸ったことがあるが、むせかえるほどの辛口である。あれを軽いと感じるとは、健康志向の強まった現在の感覚ではなかなか理解しがたい。

JTの全国喫煙者率調査によると、データの残る最も古い一九六五年の成人男性の喫煙率は八十二・三％（女性は十五・七％）、働きざかりの四十代男性の喫煙率は八十六・七％に達していて、これはもうほとんどが喫煙者と言ってよいレベルだ。町中でも、建物の中でも、駅のホームでも、地方では普通列車の車内でも、どこでもスパスパ吸い放題の時代だった。もちろんタバコの広告も出し放題。一九八〇年代まではそんな時代だった。

しかしその後、タバコの人体への悪影響と嫌煙権が世界的に注目されるようになり、日本でも規制の方向へと進んでいく。一九九八年に放送メディアのタバコ広告を業界側が自主規制して、タバコのテレビCMは終わる（二〇〇四年に財務省が放送広告の原則禁止を正式に告示）。

二〇一八年の成人男性の喫煙率は二十七・八％まで減少した。禁煙や電子タバコへの切り替えが進み、公共の場所がほとんど分煙化した現在、町じゅうがタバコの煙とヤニの臭いにまみれていた時代を想像するのは難しい。オフィス勤めの人は、フロア中から煙が立ちのぼっていた頃をイメージできるだろうか。タイムマシンに乗ってあの時代に行ってみたら空気がマズくてやってられないだろう。もっとも、当時の町は排ガス、土けむり、トイレやドブの臭いなどでタバコどころではなかったかもしれないが。

第4章

ちょっと気になるCMたち

この章では、ちょっと気になる珍しい広告表現を取り上げたい。初期のCMには、今では考えられないような不思議なシチュエーション、不思議なキャッチフレーズ、不思議なキャラ設定などがある。不意に出会うと思わずギョッとする。そんなナンダコリャ系のインパクトのあるCMをいくつか紹介していこうと思う。

化粧品のCMに女子プロレス？

図4・1は伊勢半「キスミーファンデ」（一九五六年、六十秒）。ファンデーションのCMに女子プロレスである。叩いたり投げたりの激しいファイトを繰り広げるふたりの女子レスラー。3カウントで勝負が決し、勝った選手はサイン攻めに。一方、負けた選手は控え室でひとり顔の手入れ。そこにナレーションが入る。

「たとえ敗れたりとはいえ、女のみだしなみは大切です。キスミーファンデでミー子はたちまちパッチリ美人」

するとと勝者に群がっていたファン（全員男性）がいっせいにミー子のほうへ。

「おやおや、みんなどこかへ行ってしまいます。それというのもキスミーファンデのさえた魅力のせいです」

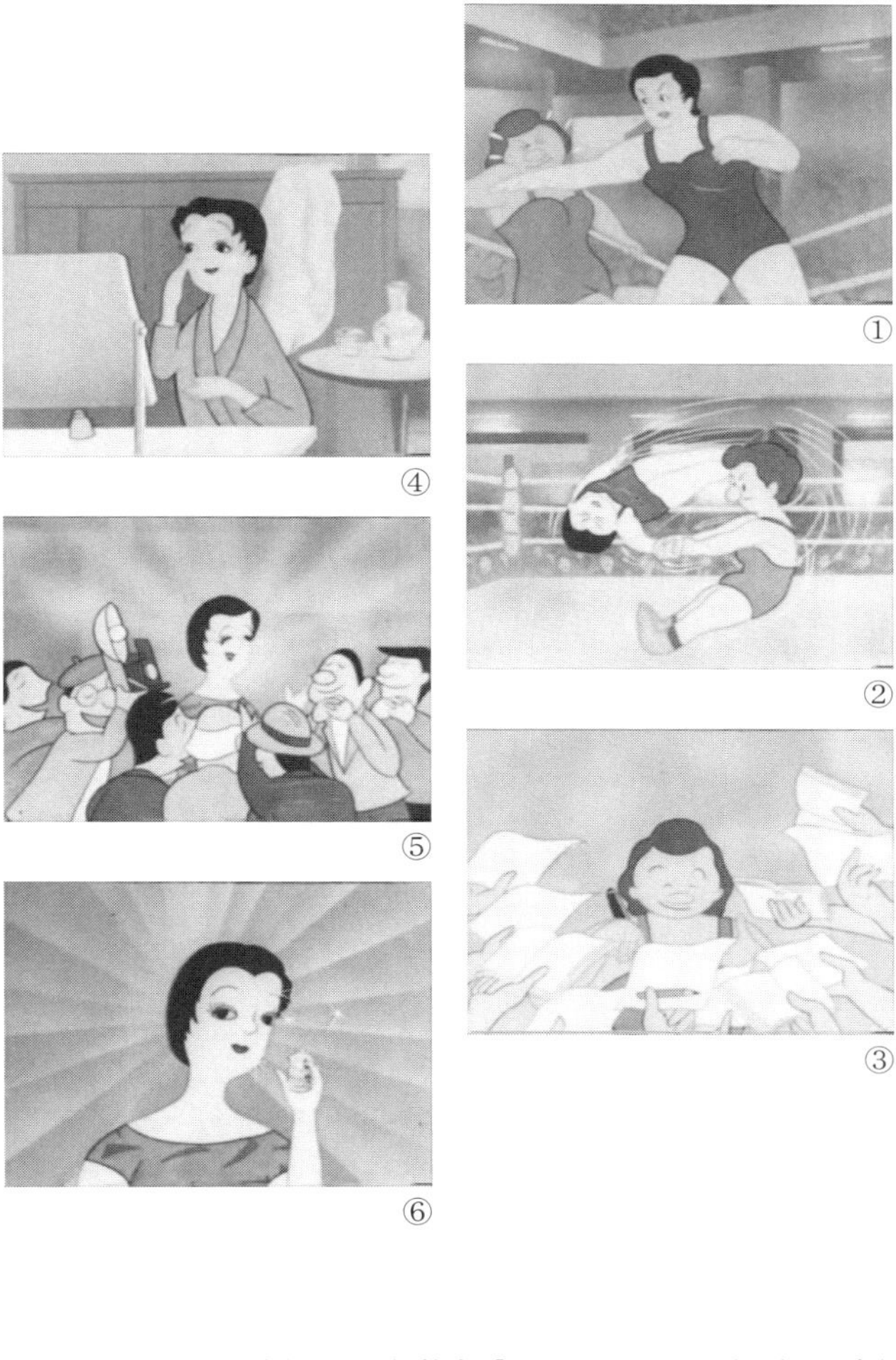

図 4・1　伊勢半「キスミーファンデ」（1956 年）

初期のテレビCMには、飲んだ瞬間に病気が治る薬や、塗った瞬間に美人になる化粧品がしばしば登場する。アヤしいことこのうえないが、第1章で述べたように当時は映像として面白いことが重視されたので、こうした魔法のような展開は好まれた。今では誇大広告になってしまうが、当時は問題ないのである。

CMに登場するミー子とは、伊勢半が提供していたドラマ「キス夫とミー子」の主人公・ミー子のことだ。ドラマ本編は実写だがCMはアニメで、ミー子や（このCMには登場しないが）恋人のキス夫が活躍する六十秒CMが四本現存している。

「キス夫とミー子」は、日本テレビとKRテレビの二局でタイトルは同じだが中身は別という特殊なスタイルで放送された。日本テレビの「キス夫とミー子」は一九五六年二月八日から十二月十九日まで毎週水曜日全四十五回、大泉滉《あきら》・小柳久子主演の十五分ドラマ。KRテレビの「キス夫とミー子」は一九五六年三月二十日から八月十四日まで毎週火曜日全二十一回、千葉信男・中原早苗主演の三十分ドラマ。大泉も千葉も喜劇役者なのでいずれもコメディと思われる。

一九五六年に制作されたキス夫とミー子のCM四本のうち、最後に作られた女子プロレス編の納品日は八月十日である。ふたつの局でCMをどのように出し分けていたかわからないが、KRの最終回が八月十四日なので、女子プロレス編はおそらく十二月まで続いた日テレで使われたものだろう。

ところで気になるのは女子プロレスだ。当時どのくらいメジャーだったのだろうか。力道山でおなじみの日本プロレスの発足が一九五三年。翌五四年にテレビ放送されて街頭テレビが黒山の人だかりになったのはよく知られているが、実はその裏で女子プロレスも地味に始まっていた。五四年十一月、女子世界選手権王者のミルドレッド・バークを含むトップ選手六名が来日（図4・2）。十九～二十一日の三日間、蔵前国技館で試合をおこない、十九・二十日は日本テレビで中継放送された。これをきっかけにいくつもの女子団体が日本にも生まれ、五五年九月には階級別の女子王座決定戦が両国国際スタジアムでおこなわれている。これはKRテレビで中継された。『ベースボール・マガジン』（一九五五年十月）にふたつの女子団体の練習風景が写真入りで載っているが、手狭な道場ながら本

図4・2　読売新聞1954年11月12日東京朝刊

格的にトレーニングしていたことがわかる。キスミーのCMはそれから約一年後に作られているから、女子プロレスの話題性はしばらく続いていたのだろう。しかし、両国での女子王座決定戦以後はテレビ中継された形跡がない。スポーツ新聞などでは小さく扱われたかもしれないが、女子プロレスが本格的なスポーツ・エンターテインメントとして認められ、確固たる人気を得ることはなかったようだ。第一人者の小畑千代の回想によると、一九五七年ごろまでにすべての団体が解散してしまったという。短いブームだった。

その後、小畑を中心に地道な興行が続けられ、十年以上たった一九六〇年代末から東京12チャンネル（現・テレビ東京）で女子プロレスが放送されるようになる。そして七〇年代後半のビューティ・ペアのブーム、八〇年代中盤のクラッシュ・ギャルズのブームなどへと引き継がれ、女子プロレスはついに一流のスポーツ・エンターテインメントとして認められたのである。

ビタミン剤のCMに空気銃？

図4・3は塩野義製薬「ポポンS」（一九五六年、六十秒）。キャプチャ画像から早くも不穏な空気が漂っているが、総合ビタミン剤のCMになぜ、銃を持った少年が映っているのだ

ろうか。
その理由はコマソンの歌詞にある。このCMはコマーシャル・ソング「ポポンの歌」の歌詞をそのまま絵解きしたアニメで、二番が次のようになっている。
「兄さん今日も空気銃　朝から雀を追いかける
雀も命が惜しいから　狙って撃つけど逃げちまう
ポポン、ポポン、ポポン……」
「ポポンの歌」はコマソン界の大御所・三木鶏郎《とりろう》の作品である。〝ポポン〟という擬音が当

図4・3　塩野義製薬「ポポンS」（1956年）

てはまるシチュエーションを歌詞にしたもので、シャボン玉、ポンポン船、花火、キャッチボールなどと並んで空気銃が選ばれている。兄さんが空気銃を持って林の中をウロウロするのが微笑ましい光景かどうかわからないが、少なくとも日常的な光景ではあったようだ。

空気銃は当時メジャーな少年向け玩具だった。といっても、現在サバイバルゲームで使うような当たってもちょっと痛いていどのプラスチック玉ではない。命中すればスズメを殺す威力のある鉛玉である。新聞記事を追っていくと、一九五二〜五三年ごろからちょっとしたブームになっていたようだ。五三年には約十万七千丁が売られ、多くは狩猟用だったが少年が娯楽目的で手にすることも少なくなかった（読売新聞一九五四年十二月一日朝刊）。

威力のある銃だから当然、事故やトラブルが多発した。一九五四年八月八日、東京都新宿区で立ち話中の主婦が空気銃の流れ弾に当たって死亡、十一月には十歳の少年が一緒に遊んでいた中学生の空気銃の誤射で死亡した。他にも、道ばたで撃ち合っていて危険きわまりないとか、小鳥を殺すなんてかわいそうとか、そういう遊びをするのは愛情を受けて育たなかった子どもだから善導しなければとか、アンチ空気銃の記事が見つかる。

けっきょく一九五五年、銃砲刀剣類等所持取締令が改正されて、空気銃は火薬をつかった銃と同じように所持許可証が必要になった。これにより、少年が空気銃を使うには大人名義で許可証をとったうえで子どもに与えるというかたちになり、無軌道な遊び方はだいぶ減ったと思われる。それでもハトが殺されてかわいそうだといった記事は残っていて、狩猟ではなく娯楽目的の大人（または少年）の使用は続いていたようだ。

もっとも、こうした記事は空気銃反対の立場から書かれたもので、一方で容認派の意見もいくつか載っている。マナーさえ守ればハンティングや的当ては面白い趣味なのだから、それ自体を否定すべきではないという意見もあった。三木鶏郎が明るくユーモラスな歌詞として空気銃を取り上げることができたのは、社会問題ではあったけれども、取り上げるのが不謹慎というほど深刻ではなかったからではないか。

衣服の破れにセロテープ？

図4・4（94ページ）は日絆薬品工業（現・ニチバン）「セロテープ」（一九五八年、七十五秒）。街で久しぶりに出会ったふたりの女性。ひとりのスカートが破れていることに気づく。「こまったわ」「このニチバンセロテープがあればだいじょうぶ」カバンからおもむろにセロテープを取り出すもうひとりの女性。「こうやって裏から貼ればおうちに帰るまで目立たないでしょ」「セロテープにもいろいろの使いみちがあるのね」「わたくしニチバンセロテープ

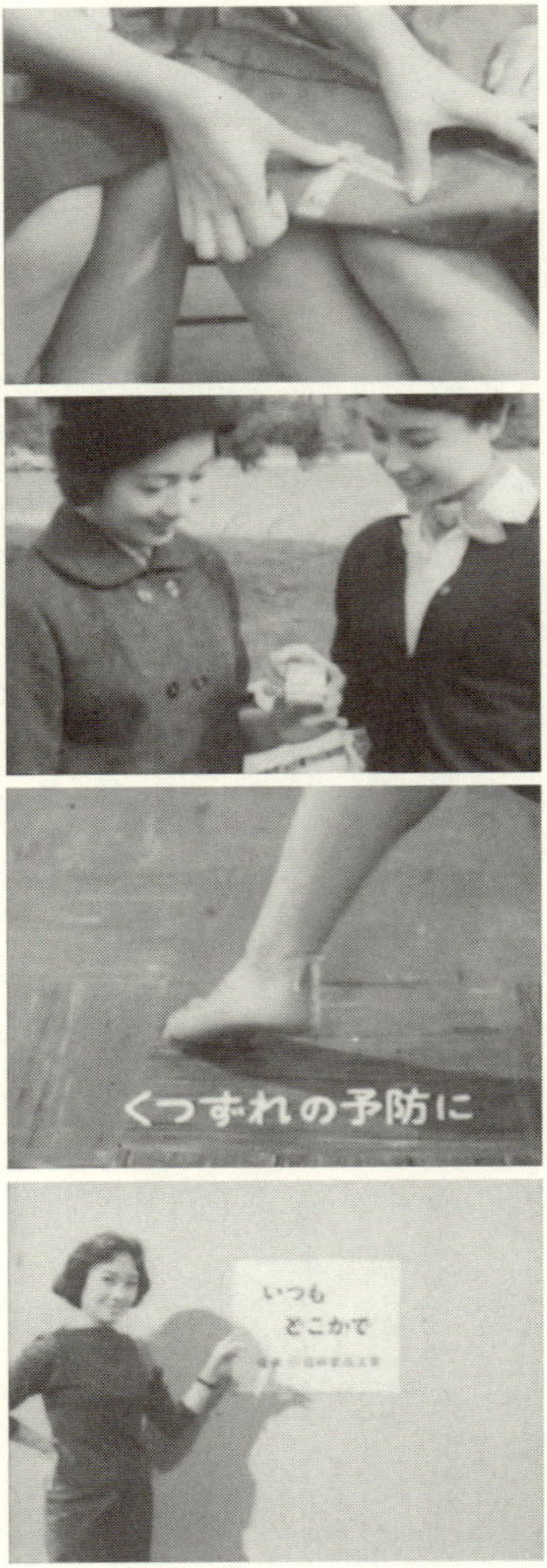

図４・４　日絆薬品工業「セロテープ」(1958 年)

をいつも持っているの。とても便利なんですもの」。

衣服の破れにセロテープ。はじめて見たときはあまりのことに目が点になってしまったが、しかしよく考えてみると、透明で、粘着力が強くて、持ち運びやすくて、簡単に穴をふさいでくれる、そんな夢のような修繕具はこれまでなかった。一九四八年に登場したニチバンセロテープは最先端のテクノロジーだったのだ。セロテープで応急処置なんて貧乏くさく感じるが、じつは最先端なのである。

セロテープを私たちの暮らしにどう活かすべきか、ニチバンはこのＣＭをつうじてさまざまな提案をおこなっている。女性ふたりのシーンのあと、映像はセロテープの使い方を列挙していく。くつずれの予防に。本の破れに。名札貼りに。封筒のシールに。

くつずれの予防だけ違和感がものすごいが、それは今見ればそうだという話で、セロテープがそれほど日常生活に根ざしていなかった当時、ハイテク製品の使用法としてどれも等しく可能性を秘めていたはずだ。

それから何十年もの時がすぎ、くつずれの予防も、衣服の破れの応急処置も、セロテープの利用法として定着することはなかった。ニチバンはテレビCMだけでなく新聞広告を通じてもこのふたつの利用法を啓発していて、力を入れていただけに残念である。やっぱり当時からちょっとヘンだったのだろうか。もっとも、くつずれの予防は現在、ニチバンのもうひとつの主力商品であるばんそうこうがその役割を担っているから、ニチバン的には結果オーライのかたちだ。

ところで引用図の最後のコマが分かりにくいかもしれない。このCMのラストは、ニチバンが提供していたドラマ「いつもどこかで」（KRテレビ）のタイトルをセロテープで壁に貼って終わる。当時ほとんどの番組が一社提供だったので、このように番組のオープニングとCMが一体化したパターンは多いのだが、両者をうまく融合する工夫にセンスが表れる。タイトルをセロテープで貼り付けるアイデアは非常にセンスがよく、両者をスマートに結びつけている。似たような事例に、プリンス自動車工業提供のドラマ「Gメン」のオープニングで、最新型のプリンス車が「Gメン」のフィルムを運んでくるというものがある（一九五八年）。これもセンスがよい。当時の実写CMのクリエイティビティは、オープニングとCMをどう融合するかという点にも発揮されていた。

バターうどん？　バターそば？

図4・5は雪印乳業（現・雪印メグミルク）の「麺類用雪印バター」（一九五七年、三十秒）。「バターうどん」「バターそば」という言葉のインパクトに惹かれて取り上げてみた。ナレーションによると、バターは麺類によく合う大変おいしい食品で、おつゆの中にバターをひとつぶ落とせば「味、栄養ともにご満足いただけ」るという。

うどんやそばに油が浮いているのは珍しいことではない。肉うどんや鴨そばがそうだし、天ぷらの衣にだって油は含まれている。汁なしうどんなら「釜めんたいバター」のようなメニューもある。我が家の近所のうどん屋の名物だ。しかし、つゆに固形バターを溶かして食べるのはちょっと違うだろう。どう考えてもジャンクで、食べたくなるイメージがわいてこない。

それは、当時の人びとと私たちとの間に、栄養に対する感覚の違いがあるからだ。今では、バターを溶かしたそばつゆはこってりしすぎて受けつけない人が多いかもしれない。しかし、油脂類や乳製品の摂取量が現在よりも少なく、栄養のバランスが必ずしもじゅうぶんでなかった当時の人びとにとっては、それがおいしかったかどうかはともかく、そのこってりした味こそが滋養に富んだ食品の象徴であり、体中に栄養が行きわたる実感をもたらしてくれたのではないか。

図4・5　雪印乳業「麺類用雪印バター」（1957年）

平成二十二年度『食料・農業・農村白書』によると、一九六〇年は二〇〇九年と比べて乳製品の年間摂取量が約四分の一、油脂類は約三分の一だったという。ちなみに牛肉は六分の一、豚肉は十一分の一で、一九六〇年は食生活の洋風化がそれほど起こっていなかったことがうかがえる。

とはいえ洋風化の兆候は少しずつ見えていたようだ。このCMが放送された一九五七年の食料事情について、厚生省の年次報告書『国民栄養の現状』をひもとくと、戦後しばらく続いた穀類・いも類中心の食事が終わり、動物性食品や果実の比率が上がっていて、中でももっとも伸びたのが油脂類であるという。ただし、油脂類のうちバターとマーガリンが占める割合は五分の一で、大半はサラダ油やごま油だったようだ。報告書には、バターとマーガリンについて「今後粉食の普及に伴って消費の促進をはかることが望まれる」とある。粉食とはパンと麺のことだ。

新聞記事によると、一九五七年にバターの値下げがおこなわれ、また学校給食でのバターの使用が増えたという（読売新聞一九五八年十二月十八日朝刊）。こうしたことをきっかけに乳業各社はバターの普及を進めたいところだったが、脂肪類は「においや消化の問題があるので、他の栄養素以上に普及がのび悩んでいる状態」だった（読売新聞一九五八年二月二十二日朝刊)。日本人の胃腸に合っていなかったということだろうか。

それでもなんとかバターを食べてもらいたい一心で商品開発につとめたのが、麺類用バターではなかったかと私は想像している。この商品について雪印メグミルクに問い合わせても詳しいことは分からなかったが、普通のバターと何が違っていたのか気になるので、今後とも追究していきたい。あんがい、普通のバターを単に小分けにしただけかもしれないが。

人間の五感は環境によって変化する。バターうどんやバターそばに滋味を感じるかどうかは、当時の人びとと私たちとでおそらく違う。タバコのハイライトが軽いか重いかもそうだが、六十年の歳月は私たちの感覚を大きく変えるのだ。コンビニでカップそばを買ってバターをひとつぶ落としてみればそのことがよく分かる。好みもあるだろうが、正直、あまり思い出したくない味だった。

ガーリックは夜の調味料?

食品のCMをもうひとつ。図4・6(100ページ)はエスビー食品「S&Bガーリック」(一九六〇年、三十秒)。マンボ風の軽快なリズムに乗って「ガ~リックガ~リック」と歌が流れ、親子三人が、「うんいい味だ」「うんおいしいぞ」などと言うだけのシンプルなCMな

図4・6　エスビー食品「S&Bガーリック」（1960年）

のだが、終盤に出てくるキャッチコピーに私は目を奪われた。

「夜の調味料」である。しかも一瞬だが、パパとママの顔を背景にして文字が映る。精がつくことで知られるニンニクに「夜の調味料」というコピー、そしてパパとママの顔。ほのぼのアニメと見せかけてなんというお色気CMか。と思ったらそういうことではないらしい。同時期の新聞広告を読むと、ガーリックのようなしっかりした味つけの洋食はたいていディナーで食べるから、それで〝夜の〟調味料なのだそうだ。しかしその新聞広告は黒を基調にしたアダルトなデザインで、多少は大人のムードを意識していたのではないかと思う。

「夜の」で始まる有名なキャッチコピーに「夜のお菓子」うなぎパイがある。うなぎパイの発売はS&Bガーリックより一年遅く一九六一年。販売元である浜松・春華堂のWebサイトによると、夕食後のだんらんのひとときをうなぎパイで過ごしてほしいとの願いから、社長が「夜のお菓子」と名付けたが、精力増強に効果のあるうなぎゆえにあらぬ誤解を受けてしまったという。しかし、誤解を逆手にとって滋養のイメージを打ち出したところ見事にヒット商品となった。

うなぎパイはタレにガーリックを使っていて、パッケージの裏面には「夜の調味料ガーリックを配合」と書かれている。先輩のS&Bガーリックはもうこのキャッチコピーを使っていないが、後輩のうなぎパイが先輩の想いを受け継いで今なお「夜の調味料」を使い続けているのだった。

ところで、S&Bガーリックは発売当時、広告史上に残る有名なキャンペーンをおこなったことで知られている。「ガーリック・カー・キャンペーン」と呼ばれるもので、S&Bガーリックのロゴが大きく入った黄色いルノーを百台用意して、抽選で当たった人に自家用車として貸すという企画。しかも期間が終わったらそのまま車をもらってよいというから、車を買うお金のない人たちから応募が殺到、三百倍を超える倍率となった。意外と街のあちこちで車を見かけたようで話題となり、抜群の宣伝効果をあげたという。大阪でも同様のキャンペーンがおこなわれ、計二百台のロゴ入りルノーが街を走り回った。

ヱスビー食品は一九五三年から洋風スパイスシリーズのひとつとしてガーリックを販売していたが、一九六〇年に新しいガーリックパウダーを大々的に売り出すにあたり、キャンペーンの方法を徹底的に検討してこの企画にたどりついたという。独創的な方法で効果的に認知度とブランドイメージを高めた事例として、昔のマーケティングの教科書に載っていた。

その教科書には、車のキャンペーンと同時におこなった広告の紹介があるのだが、新聞広告、雑誌広告、ラジオCMが載っているのになぜかテレビCMの記述だけない。紹介するほどのものではないという判断だろうか。たしかにあまり重要でない感じはするけれども、それにしても扱いの悪さに同情してしまった。だから、私が代わりにここでたっぷりと紹介しておいた。

足に脚が生えている？

図4・7は藤沢薬品工業の水虫治療薬「トリコマイシンS」（一九五七年、四十秒）。第1章でも取り上げたいわゆる擬人化キャラなのだが、なんとも珍しい足の裏の擬人化である。

身体の一部の擬人化はたまに見かけるが（たとえば心臓病の説明をするイラストに疲れた顔の心臓が描かれるなど）、足の裏に目鼻がついているのは初めて見た。指がちょうどうまいことリーゼントの前髪のようになっていて、そして足（foot）に脚（leg）が生えているというややこしい造形だ。

商品キャラクターは明治・大正の昔から日本人に親しまれてきた。仁丹のヒゲ紳士、グリコのゴールインマーク、森永のエンゼルなど枚挙にいとまがない。テレビ時代になるとこうしたキャラに動きが加わり、表現の幅が広がっていく。キャラを決めるとCMシリーズを制

図4・7　藤沢薬品工業「トリコマイシンS」（1957年）

図4・8　（左から）アンクルトリス（サントリー）、ナショナル坊や（松下電器産業）、キリンちゃん（麒麟麦酒）

作しやすくなるので重宝され、各社はテレビ用の新キャラを作ったり、新聞広告のキャラをテレビ用に作り直したりした。足の裏ファミリーも新聞広告キャラのリメイクである。

商品キャラは大きく分けて、商品とは別に設定する「イメージキャラ」と、商品に人間的な造形を施す「擬人化キャラ」の二種類がある。初期テレビCMの代表的なイメージキャラといえば、サントリー・トリスウイスキーのアンクルトリス、松下電器産業（現・パナソニック）のナショナル坊や、キリンレモンのキリンちゃんなどがいる（図4・8）。キリンちゃんはキビガラで作られていて、コマ撮りでちょこまかと動いてとてもかわいらしい。

一方の擬人化キャラは、商品に顔と手足がついている「顔キャラ」（人間的な商品）と、人間の胴体部分が商品になっている「胴キャラ」（商品的な人間）に大別できる。顔キャラは1章に出てきた三菱ミキちゃんや資生堂パールちゃんがそうで、今日の擬人化の方法に近くキュートでかわいらしいものが多い。

しかし、すこしでも方向性が違うと途端にゆるキャラ系になる。図４・９は堺酒造「清酒新泉」のＣＭ（一九六〇年、三十秒）に出てくる擬人化キャラで、体が酒瓶、鼻が徳利、口がおちょこになっている。ご当地名物を片っ端からくっつけただけのゆるキャラと同じつくりだ。かわいいかと問われると、なんと答えてよいか分からない。

さらに味わい深いのが胴キャラである。造形は人間で胴体だけが商品なので、どうしても改造人間的なシュールなたたずまいになってしまう。図４・10（１０６ページ）にふたつ例を挙げた。どうだろうか。仮装行列という見方もできる。ちなみにシチュー人間がベレー帽をかぶっているのは、当時ベレー帽といえばフランス人であり、シチューといえばフランス料理だったからだ。

図４・９　堺酒造「清酒新泉」（1960年）

トリコマイシンＳの足の裏ファミリーを分類すると、イメージキャラではなく擬人化キャラである。ただし、商品自体の擬人化ではなく商品をつける足のほうの擬人化なので、少し変化球だ。顔キャラか胴キャラかでいうと顔キャラになると思うが、ここ

図４・10
（上）日本冷蔵（現・ニチレイ）「スター印缶詰」（1961 年）
（下）日絆薬品工業「イチバン」（1956 年）

でいう「顔」が足なのでややこしい。私は顔キャラの変異型（ヴァリアント）と呼んでいる。

もうひとつ、顔キャラのヴァリアントの面白い例を紹介したい。図４・11は安田生命（現・明治安田生命）のＣＭに登場する擬人化キャラ。この人は生命保険のセールスマンなのだが、なんと顔に直接、手足が生えている。これはセールスマンの擬人化、すなわち人間の擬人化である。いや人間の擬人化ではなく、セールスマンという「職業」の擬人化なのかもしれない。深く考えさせられる事例だ。

ふつうの人間を出すなら実写でやればよいわけで、せっかくアニメでやるのだから人間を超えたなにものかを登場させたほうが面白い。擬人化キャラは、アニメの特性を活かしたもっともアニメらしい存在だと言える。かわいらしいものであれ、微妙なものであれ、擬人化キャラは初期アニメＣＭの立派な主役たちであった。

戦艦や刀剣の擬人化キャラが流行し、イラストコミュニケーションサイトでありとあらゆるものを擬人化する遊びが定着している現在、日本の擬人化技術のルーツをあらためて見直してみるのも面白いかもしれない。それがオタクのみなさんの創作活動にどれだけ役立つか分からないが、ともかく擬人化の原初形態はこんな感じだったのだ。

図4・11　安田生命「新家庭保険」（1961年）

ＣＭは感性の違いが見えやすい

この章ではちょっと気になる一風変わったＣＭを見てきた。変わっていると感じるのは、現在の感性になじまないできごとが画面の中で起こっているからだ。

世の中には、半世紀を超えても人びとに愛される映画や、一世紀を超えても読み継がれる名著がある。それらの作品の中にも今日の常識とはことなるシーンがたくさん含まれているのだが、それ以上に人間をめぐる普遍的な主題の強さがまさって、ディテールの違和感はそれほど気にならないように思う。しかしＣＭの場合はそうはならない。極端に尺が短いので、どうしてもディテールが目に入ってしまう。現在と当時の感性の違いが印象に残りやすいのだ。

だからこそ、その違いを面白がる素材としてCMほど有効なものはない。「なんで空気銃なんだよ！」「バターそばってなんだよ！」「足が顔かよ！」とツッコみながら見ることで、私たちとの感じかた、考えかた、とらえかたの違いを浮き彫りにして、それを楽しんだり、あるいはまじめに考察したりする。古いCMを見直す醍醐味のひとつはそういうところにある。

第5章

伸びゆくニッポン産業——高度成長とCM

日本の高度成長は一九五五（昭和三十）年ごろに始まり、一九七三（昭和四十八）年ごろに終わった。高度成長期の日本では需要と供給の継続的な好循環が起こり、あらゆる産業の規模が拡大し、街が急速に都市化していった。そして私たちは本格的な消費社会に突入する。

私たちの消費欲求を刺激し、モノのある暮らしの素晴らしさを啓発したのは広告だった。広告には、データからはとらえることのできない高度成長の「ノリ」や「雰囲気」のようなものが刻まれている。イケイケドンドン、という死語があるがまさにそんな感じで、伸びゆくニッポン経済！　躍進するニッポン産業！　と高らかに叫び、消費をあおっていく様子が広告にはっきりと記録されているのである。

そんな高度成長期のテレビCMについて、本章では産業側の視点から、次章では消費者側の視点から、それぞれ実例とともに考えていきたい。

巨大コンベヤのある風景

図5・1は日本コンベヤのCM（一九六一年、百秒）。同社が設計・製造した巨大コンベヤを次々と映し出し、勇ましいBGMとともにカン高い男声ナレーションが次のようにたたみかける。

「拡大していく日本の産業。そして合理化されるあらゆる生産。成長を続ける全産業へ新しいアイデアをおくる技術の日本コンベヤ。日本の経済を支える巨大な近代産業。数多くのコンベヤがこれら産業のオートメ化された生産の大動脈として、今日も絶え間なく活躍を続けております（中略）今日も日本コンベヤは新しい産業づくりのパイオニアとして、日本産業の拡大と合理化のため、日夜生産にまい進しております。コンベヤの総合専門メーカー、技術の日本コンベヤ」

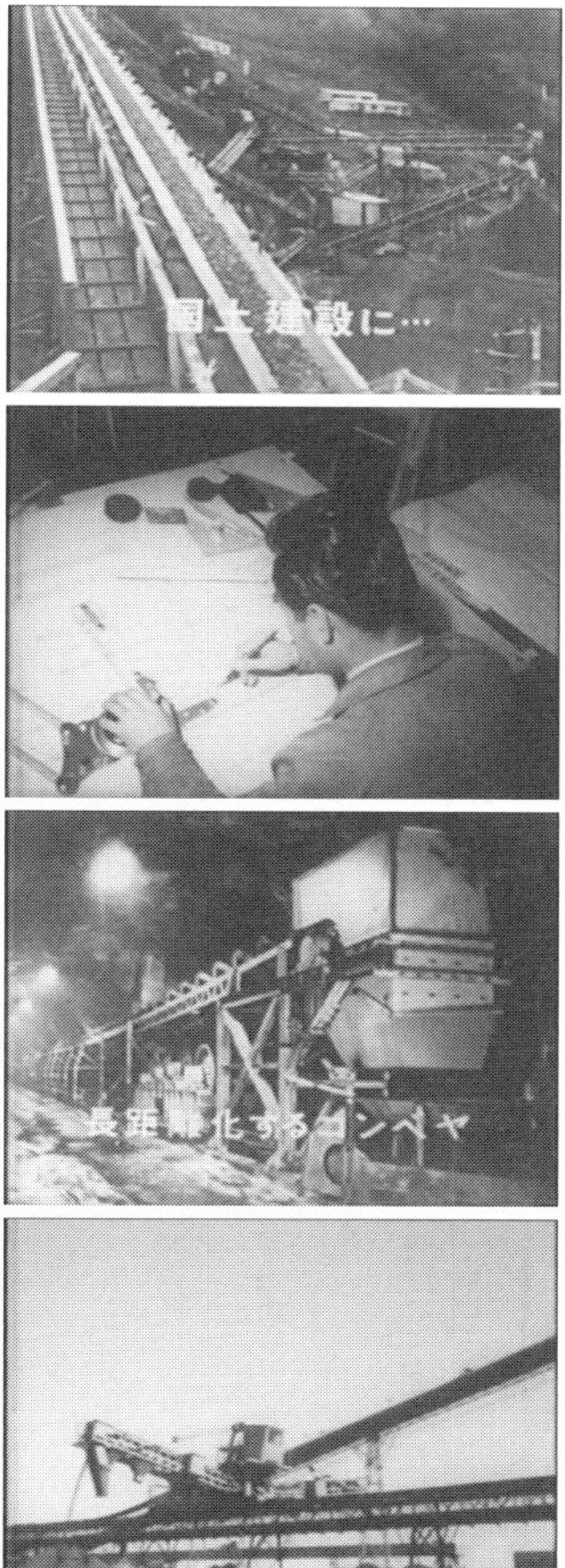

図5・1　日本コンベヤ（1961年）

日本コンベヤは大阪の会社で一九四九年の創業。電力、化学、鉄鋼、建設、セメントなどの生産現場で用いる大型コンベヤの設計・製造が得意分野だった。

高度成長期の生産のイメージにおいて、「大きい」というのはとても重要だった。高度成長といったらとにかくデカいものをドーンと作るイメージなのである。森永製菓「エールチョコレート」のキャッチコピー「大きいことはいいことだ」が流行語になったのは、高度成長後期の一九六八年のことだった。この年は当時日本一の高さを誇った霞が関ビルも開業している。ビルも、ダムも、高速道路も、とにかくデカいものをドーンと作ってこそ高度成長なのだ。

その点で日本コンベヤのCMは、猛烈にデカいものが画面にこれでもかと映し出されていて、これぞ高度成長と言いたくなるような雰囲気に満ちている。ナレーションにも勢いがあり、「絶え間なく」や「日夜」などはモーレツ社員のイメージそのものだし、「合理化」は当時の経営論でいちばんのキーワードだった。

高度成長期の企業広告には定番のフレーズがいくつかある。「絶え間なく」や「合理化」もそうだが、他にも「伸びゆく」や「躍進する」などがよく使われる。たとえば図5・2は日絆薬品工業の企業広告（一九六三年、九十秒）。ナレーションは終盤で次のようにうたいあげる。

「ニチバンの接着テープは、国内産業の発展に貢献するばかりでなく、広く海外にも輸出され、躍進する優秀な製品として伸びゆく日本経済に大きな役割を果たしています。常に躍進するニチバン。ニチバンは接着テープの総合メーカーです」

当時の経済誌によると、ニチバンは中南米、中近東、東南アジアからの注文が増えてきたが、国内の需要も高いのでなかなか輸出に対応できず、至急設備の増強を進めているところだったという。まさに拡大的な好循環、イケイケドンドンの状態である。そうした高度成長のノリや雰囲気をよく表すのがテレビCMの勇ましいBGMであり、威勢のよいナレーショ

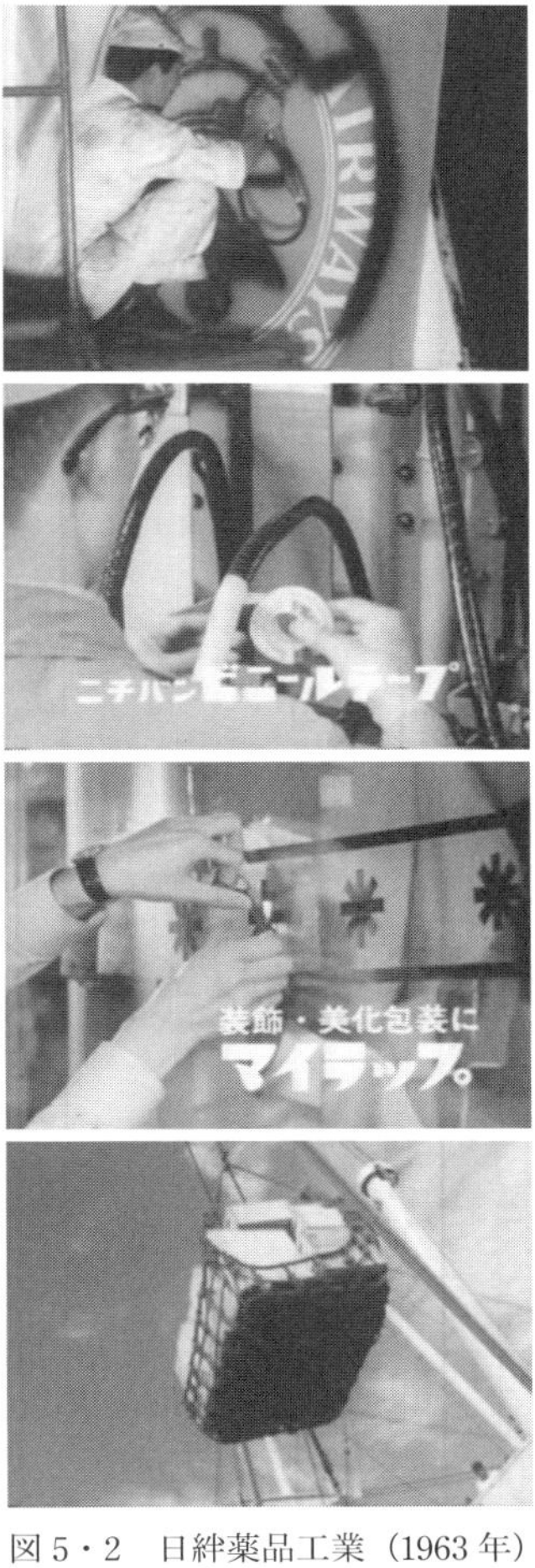

図5・2　日絆薬品工業（1963年）

ンであり、そして絶え間なく、伸びゆく、躍進するなどのキラーフレーズだったのだ。

テレビCMとPR映画

イケイケドンドン型の企業CMは一九六〇〜六四年くらいの期間にけっこうな数が作られている。たくさん実例を示したいがページ数に限りがあるので、あとふたつだけ紹介したい（図5・3、図5・4）。

「ここには自然の法則によってつくられる天然の造形があります。そして人間の知恵は果て

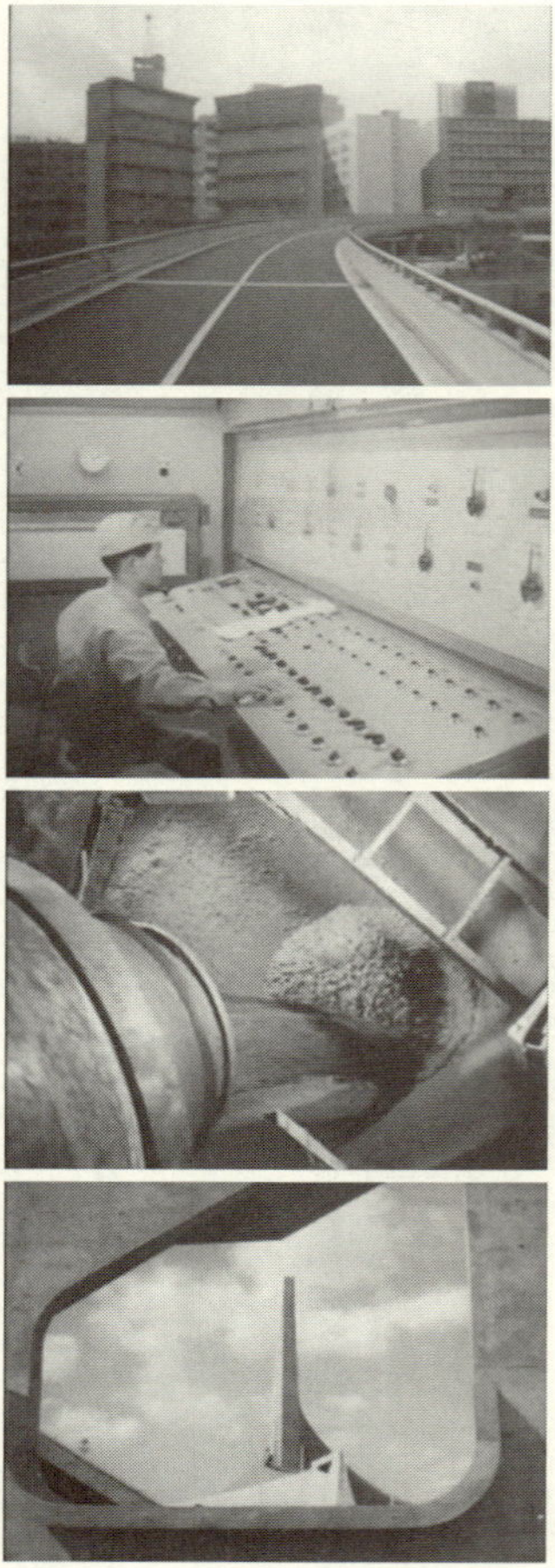

図5・3　アサノコンクリート（1964年）

しなく広がり、人工の造形をつくりあげます。そこにアサノ生コンクリートがあります。近代的工場でつくられる無駄のない良質の生コンクリートを、必要なだけいつでもお届けしています。これがアサノ生コンクリートです。より合理的に。より速く。よりダイナミックに。未来を築くアサノ生コンクリート！」（アサノコンクリート、一九六四年、六十秒）。

「三菱商事は、三菱はじめ日本有力メーカーの製品を海外に輸出し、また海外から原料資源を輸入して、国内三十カ所、海外六十カ所のネットワークを通じ年間六千億の取引を全世界と結んでいます。今日もまた新しい契約とともに積み出されていく製品。運ばれてくる資源。

図5・4　三菱商事（1960年）

このようにして日本の経済は、三菱のマークとともに限りなく前進していくのです」（三菱商事、一九六〇年、六十秒）。

こうした企業CMを考えるとき、当時流行していた「PR映画」との関係が無視できない。PR映画とは、企業が自社の活動を記録し、プロモーションに活用するために制作するフィルムのことで、通常は十五〜三十分ていどの短編ドキュメンタリーである。これが昭和三十年代にとても人気で、日本証券投資協会が発行していた『PR映画年鑑』によると、PR映画は一九六〇年に千五百三十二本、六一年に二千九十二本、六二年に二千五百七十一本が作られたという。これはかなりの数だ。

PR映画というと、電力会社によるダム建設映画や岩波映画製作所による科学実験映画などが有名だが、そこまで大がかりでなくてもさまざまなものが制作されていた。企業CMは、こうしたPR映画のミニチュア版として企業側に認識されていたと私は考えている。売り上げを伸ばそうという直接的な目的ではなく、自社の存在を社会に知らしめ、自社の評判をあげ、社員が誇りを持つために企業CMは作られていたのである。

業務用製品のＣＭ――顔料と亜鉛合金

企業ＣＭとテイストが近いものに業務用製品のＣＭがある。昭和三十年代は、一般消費者向けではない工業製品（塩化ビニール、アルミニウム、合金、ポリエチレンなど）や業務用機械（削岩機、浄化槽、ボイラーなど）のＣＭがよくあり、それらの映像の雰囲気はこれまで見てきた企業ＣＭに似ている。

業務用製品の広告は本来は専門誌に出すもので、テレビＣＭを出してどれだけ効果があったのかはわからない。売るためにＣＭするというよりは、企業ＣＭと同じように社会的イメージの向上が目的だったと考えたほうがよいかもしれない。また、伸びざかりのメディアだったテレビに広告を出すこと自体に、景気づけのような意味合いがあったとも思われる。「うちも業績が伸びてきたし、そろそろドーンとテレビ広告でも出そうじゃないか！」「いいですな社長！」みたいなイメージだ。テレビＣＭは一流企業の証という価値観のもと、効果は二の次でとにかく出すことに意義があったからこそ、さまざまな業務用製品のＣＭが作られたのではないか。

実例を見てみよう。図５・５（１１８ページ）は三菱金属鉱業（現・三菱マテリアル）「高

図 5・5　三菱金属鉱業「高級無機顔料」（1961 年）

級無機顔料」（一九六一年、三十秒）。

「街の中に立っている交通標識も、絵描きさんの使っている絵の具も、三菱金属鉱業の高級無機顔料が使われているのをご存じですか。私たちの暮らしを豊かにする床材、家具、食器などにも美しい彩りを添えているのです。色があせず、熱にも薬品にも強いすぐれた品質。三菱金属鉱業の高級無機顔料」

　同社の社史によると、この製品は赤電話、扇風機の羽根、合成樹脂の看板、化粧品のふた、プラスチックタイルなどの色づけに使われていた。無機顔料は金属の化学反応から作られるもので、石油などから合成した有機顔料と比べて発色は弱いが、熱や光に強いという。三菱の無機顔料はカドミウムやセレニウム（セレン）から作られた黄色、オレンジ、栗色などの暖色系が主力で、「高級」と銘打っているのはカドミウムやセレニウムが高純度だからだ。落ち着いた発色で、暖色系で、プラスチックや塩化ビニールの着色とくれば、いわゆる昭和レトロな家具・家電の独特のくすんだビタミンカラーが思い起こされる。映像は白黒なので色味を確認できないのが残念だ。

このCMは、三菱の顔料を使った製品を買ってくださいと呼びかけているわけではない。呼びかけられてもどれがそうなのか分からなくて困るだけだ。あくまで、顔料という地味だけれども大切な存在から三菱金属鉱業という企業を知ってもらい、好意を持ってもらうことを意図しているのである。

同じ三菱金属鉱業の「亜鉛合金ＭＡＫ」のＣＭも同じ趣旨だ（一九六一年、三十秒、図5・6、120ページ）。

「ＭＡＫ。三菱金属の高純度亜鉛合金ＭＡＫ。ダイカスト用亜鉛合金ＭＡＫは、どんな複雑な形でも簡単に加工できます。すぐれた品質の亜鉛合金ＭＡＫは、広く自動車の各種部品をはじめ、いろいろな家庭電気製品の部品などに用いられています。三菱金属の亜鉛合金ＭＡ

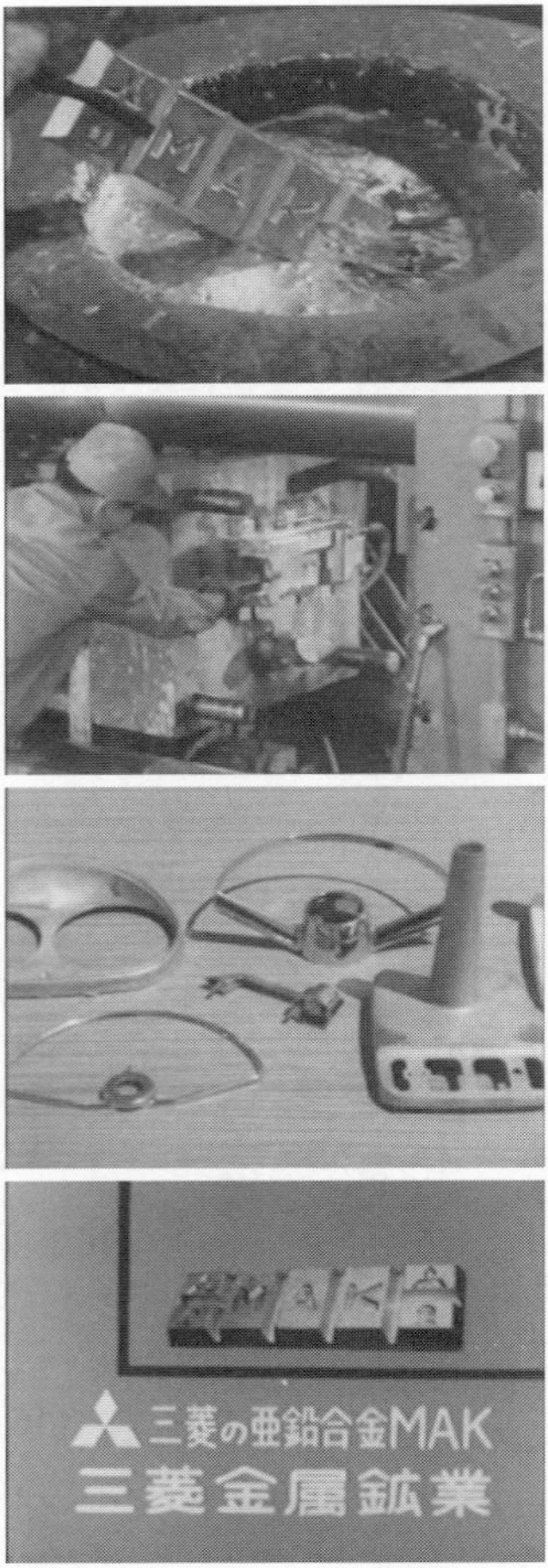

図5・6　三菱金属鉱業「亜鉛合金MAK」（1961年）

K」

社史によると、MAKは亜鉛を専門に製造する秋田製錬所の主力商品で、純度99・997%以上の高品質だという。このCMも顔料と同じく、MAKを売ろうと思って作っているわけではない。「ダイカスト用」という聞き慣れない専門用語（金属の鋳造を意味する言葉）を説明抜きで使っているのは、業者向けというわけではなく、たんにそこまで気をつかっていないだけだ。映像にけっこう大きくカットされた鋳物が映るので、私はてっきり「大カット用」だと空耳していた。

多少伝わらない言葉があっても全体の雰囲気が勢いで伝わればよし、というのはいかにも高度成長期の企業広告らしいノリのよさだ。

オフィス・オートメーションと電子計算機

工業製品とならんで、オフィス向けの業務用製品もさかんにＣＭが作られた。「事務機械化」「経営機械化」などと呼ばれたオフィス・オートメーション（ＯＡ）は高度成長期のキーワードだった。今でいうＡＩみたいなものだ。なかでも話題だったのは電子計算機、つまりコンピュータである。軍事計算や技術計算に使われていたコンピュータが、企業の事務処理に本格的に用いられるようになるのは昭和三十年代後半のことだ。

図５・７（１２２ページ）は沖電気工業の電子計算機「ＯＫＩＴＡＣ５０９０」（一九六一年、六十秒）。いくつもの機械がつらなって壮観である。勇ましい音楽をバックに、「高速度・高性能な電子計算機は、ビジネスオートメーションの中枢として現代の経営管理に必要不可欠ものとなってまいりました」とナレーションが言う。

当時のコンピュータは集積回路（ＩＣ）が実用化される前で、トランジスタ計算機という大きなものを用いていた。ＯＫＩＴＡＣ５０９０は磁気コアという最先端の高速メモリを備え、処理速度と使いやすさに定評があった。データはまず紙テープやカードにパンチされ、それを読み取って特定のプログラムに従って計算をおこない、結果をプリントアウトする。5090にはラインプリンタという行ごとに印刷できる出力装置がついていて、ここでも高速化を実現していた。

CMではケーブルでつながった十一台の機械を右から左にパンして映していくが（3・4コマ目）、私の乏しい知識で見ると、計算機本体 ──→ さん孔機（テープにパンチする機械）──→ ラインプリンタ ──→ テープリーダーという不思議な順番で並んでいる。本来なら、穴

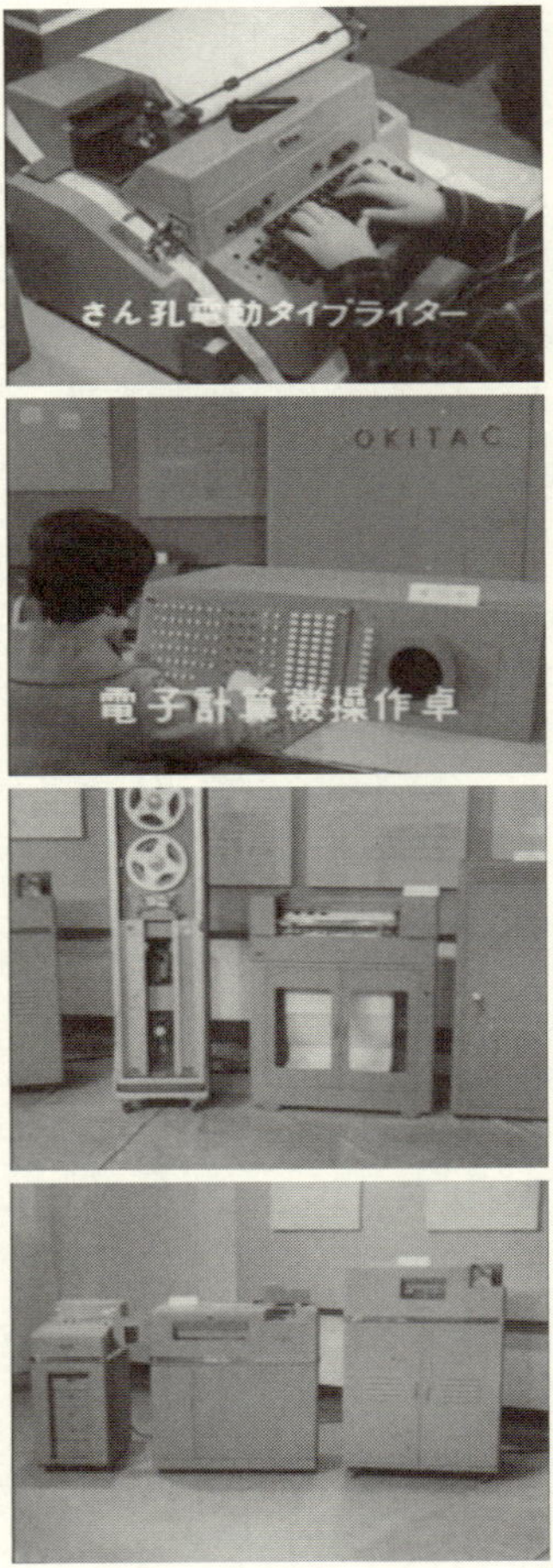

図5・7　沖電気工業「OKITAC5090」（1961年）

をあけて（さん孔機）――→読み取って（テープリーダー）――→計算して（計算機本体）――→結果を打ち出す（ラインプリンタ）という順番だと思うのだが、撮影用に適当に並べたか、あるいは並んだ順に直列というわけではないのかもしれない。

当時の専門誌『Computer Report』によると、５０９０シリーズは一九六二年に非常に話題となり、短期間に四十数台を成約したとのこと。受注先は東京大学、専修大学、名古屋大学などの学術研究機関がもっとも多く、他に日本光学工業（ニコン）、キヤノン、オリンパスなど複雑な光学計算を必要とする企業、そして安田信託銀行や東京・大田区役所など事務処理に用いたと思われるクライアントがいる。

技術計算と比べて、伝票処理や資材管理、顧客データ管理などの事務計算は今まで手計算でなんとかなっていた分野なので、必要に迫られてコンピュータを導入するという感じではなかっただろう。さきほどの専門誌には５０９０ユーザーの座談会が載っているが、もともとは技術計算用に導入したがついでに事務にも併用しているという話があり、そういうパターンが多かったと思われる。沖電気の担当者も、コンピュータに詳しい人を前提にしているから、何も知らない人がいきなり事務用にレンタルしても難しいだろうと言っていて、事務利用のハードルの高さがうかがえる。

しかし、沖電気の担当者は一方で、事務計算にも使いやすいようにソフトウェアや周辺機器の汎用性をできるだけ高めたのが５０９０だとも言っており、オフィス・オートメーションへの今後の期待がこの時期のコンピュータにかかっていたことも分かる。

このＣＭから八年後、一九六九年に公開された映画「男はつらいよ」第一作で、寅さんの妹・さくらは大手電機メーカーでキーパンチャーをしていた。データ入力用のテープやカードをさん孔する仕事だ。これを聞いた寅さんは、「そう、電子やってるの」とうれしそうに笑う。この映画がヒットした頃には電子計算機はそれなりに普及し、何をする機械なのかはともかく人びとの知るところとなっていた。

電子計算機が普及したのはひとえに、新しいテクノロジーを積極的に取り入れ、使いこなそうと努力した先人たちのフロンティア精神のおかげである。なくても何とかなるけれど、でもあえて使う。その前向きな気持ちが、勇ましく力強いＯＫＩＴＡＣ５０９０のＣＭにもよく表れていた。

音楽で生産性向上――環境音楽放送装置

もうひとつ沖電気工業の製品を取りあげたい。こんどは環境音楽放送装置である（一九六

○年、三十秒、図5・8）。工場や銀行、百貨店、ショッピングセンターなどにBGMを流すための機械で、ナレーションは「工場では飽きやすい仕事にリズムを。銀行や会社ではお客さまのサービスに和やかさを。近代経営に音楽の心理学的効用にぜひお備えください」と説明する。

『沖電気時報』一九六一年七月号によると、この装置は連続四時間のテープ再生のほか、レコード再生やアナウンスもできる複合機で、録音テープは日本音楽配給株式会社から契約時に四巻が配給され、以後毎週一巻ずつ交換しにきてくれるという。

図5・8　沖電気工業「環境音楽放送装置」（1960年）

日本音楽配給は日本初のＢＧＭ事業者で、著作権管理の仕事をしていたアメリカ人ジョージ・トーマス・フォルスターが一九五七年に創業した。帝国ホテル内にスタジオをかまえ、ホテル内に音楽を流すサービスから始めたが、事業を拡大していくうえで有線放送ではなく磁気テープを配給するかたちをとった。再生機やスピーカーをレンタルや買い取りで設置し、ライセンス契約したイギリスやアメリカのＢＧＭ事業者の曲をテープに入れてサービスマンが届けてくれる（詳しくは田中雄二『エレベーター・ミュージック・イン・ジャパン――日本のＢＧＭの歴史』を参照）。沖電気の製品はこのパッケージの一種だったと考えられる。

ここでいうＢＧＭとは、オーケストラによるあたりさわりのないインストゥルメンタルのことだ。若い世代にはなじみがないかもしれないが、私が子どもの頃もまだ、レストランやデパートのエレベーターなどでよくそうした音楽がかかっていた。ジャンル的には「イージーリスニング」や「ラウンジミュージック」と呼ばれるものに近い。

意図的に狭い音域と低めの音圧で作られたＢＧＭを、ほどほどの音量で流す。これが労働者の作業効率をアップさせたり、買い物客の購買意欲を刺激したりすると言われていた。生産性のアップを考える産業心理学という研究分野が話題で、エアー・コンディショニング、カラー・コンディショニング、照明の色や輝度などが労働に与える影響がさかんに研究され、そのひとつのテーマに音楽もあった。いかにも生産性や合理化がキーワードだった高度成長期らしい研究だ。音楽をかけたら欠勤率が何％減ったとか、診療所の受診率が何％下がったとか、音楽の効果は数値化されていた。

『商業界』一九六一年七月号によると、ＢＧＭの採用は増えていて、日本ナショナル金銭登録機、ポーラ化成、レナウン工業などの工場、本田技研、日興證券などのオフィス、三菱、富士、東海などの銀行、富士屋ホテル、ホテルニュージャパン、三越新宿店などがすでに採用していたという。最新の動向として、ショッピングセンターや商店街でもＢＧＭを導入する事例が増えていたとのことだ。

今では当たり前のようにあらゆる場所で流れていて、とりたててその意図や効果を考えることもないＢＧＭだが、登場したころは最新のテクノロジーで、生産性の向上や販売促進といった経営学的な目的と密接に結びつくものであった。ＹｏｕＴｕｂｅを検索すると、ヒーリング用音楽、リラックス用音楽などと並んで「作業用ＢＧＭ」と題した長時間の動画やライブ放送があるが、あれをかけるとなぜ勉強や仕事がはかどるのかというのは、半世紀前は経営学の一大問題だったのである。

青焼きから静電式へ——コピー機の革命

昭和三十年代後半のオフィス・オートメーションの主役のひとつにコピー機がある。事務作業に不可欠な会議資料の作成や転記は、これまで謄写版《とうしゃ》（ガリ版刷り）や手書きでまかなっていた。それはかなり手間のかかる作業であった。しかしこの時期から、それらの作業が少しずつ機械化されていく。

コピー機にはいくつかの種類があるが、当時の主流はジアゾ式複写機だった。半透明の用紙（トレーシングペーパーなど）に書かれた原稿を感光紙と重ねて機械に通すと、感光紙に複写されて出てくるという仕組み。仕上がりが青色になる機種が多かったので「青焼き」と呼ばれ、のちに製図コピー用として長く活躍することになるが、当時はさまざまな用途に使われていた。

図5・9はリコーの「リコピー7」（一九六三年、六十秒）。代表的なジアゾ式複写機である。このCMではリコピー7の使用場面として、魚屋の品書き、製図、合唱の譜面、「本日特売日」の短冊が紹介されている。一見して分かるように原稿のサイズを問わないのがジアゾ式の特長で、大きな製図も、細長い短冊も、A1サイズやロール式の感光紙を原稿と同じ

サイズに切ればコピーできた。これは現在のコピー機では対応できない長所である。

一方でジアゾ式は欠点をいくつも抱えていた。一枚ずつしかコピーできない、細いすき間を通すので原稿は平面に限られる、原稿は半透明でないと写りが悪い、現像液を用いるので乾くのに時間が必要、長期保存すると変色・退色するなど、けっこういろいろある。特に平面のしばりはリコピーの利用の大きな制限になっていた。本や帳面をそのままコピーできないのだ。

これらの欠点を一気に克服したのがＰＰＣ（Plain Paper Copier, 普通紙複写機）だった。Ｐ

図5・9　リコー「リコピー7」(1963年)

PCとは、原稿に強い光を当ててその反射光によって感光体表面の静電気が像をつくり、そこにトナーを付着させてコピーする……と書いてもよく分からないかもしれないが（私もよく分かっていない）、要は現在のコピー機のように、原稿をガラス台の上に伏せて、その下を光るバーがウィーンと動くとコピーが出てくるアレである。当時は「静電式」や「白焼き」などの呼び名があったが、「ゼロックス」という言い方も多かった。富士ゼロックスの製品がPPCの市場を独占していたからだ。

図5・10は富士ゼロックスの代表的製品「914」のCM（一九六四年、九十秒）。ナレーションは「どんなオリジナルからでも」「鮮明で」「永久保存のきく」「乾いたコピーがとれます」と説明するが、これは先ほど述べたジアゾ式の欠点、「オリジナルは平面のみ」「原稿が不透明だと不鮮明になる」「保存すると変色・退色する」「しばらく湿っている」をこれでもかと否定するものだ。

とりわけ立体物がコピーできることを強くアピールしているのが印象的だ。914でコピーをとっている女性社員のところにヒマそうな男性社員が現れ、腕時計とネクタイを外してコピーしてよとお願いする。言われたとおりコピーする女性社員。仕上がりを見て満足そうな男性社員。するとこんどは職場なのにお人形を抱えた小さな女の子が現れ（社長の孫かも

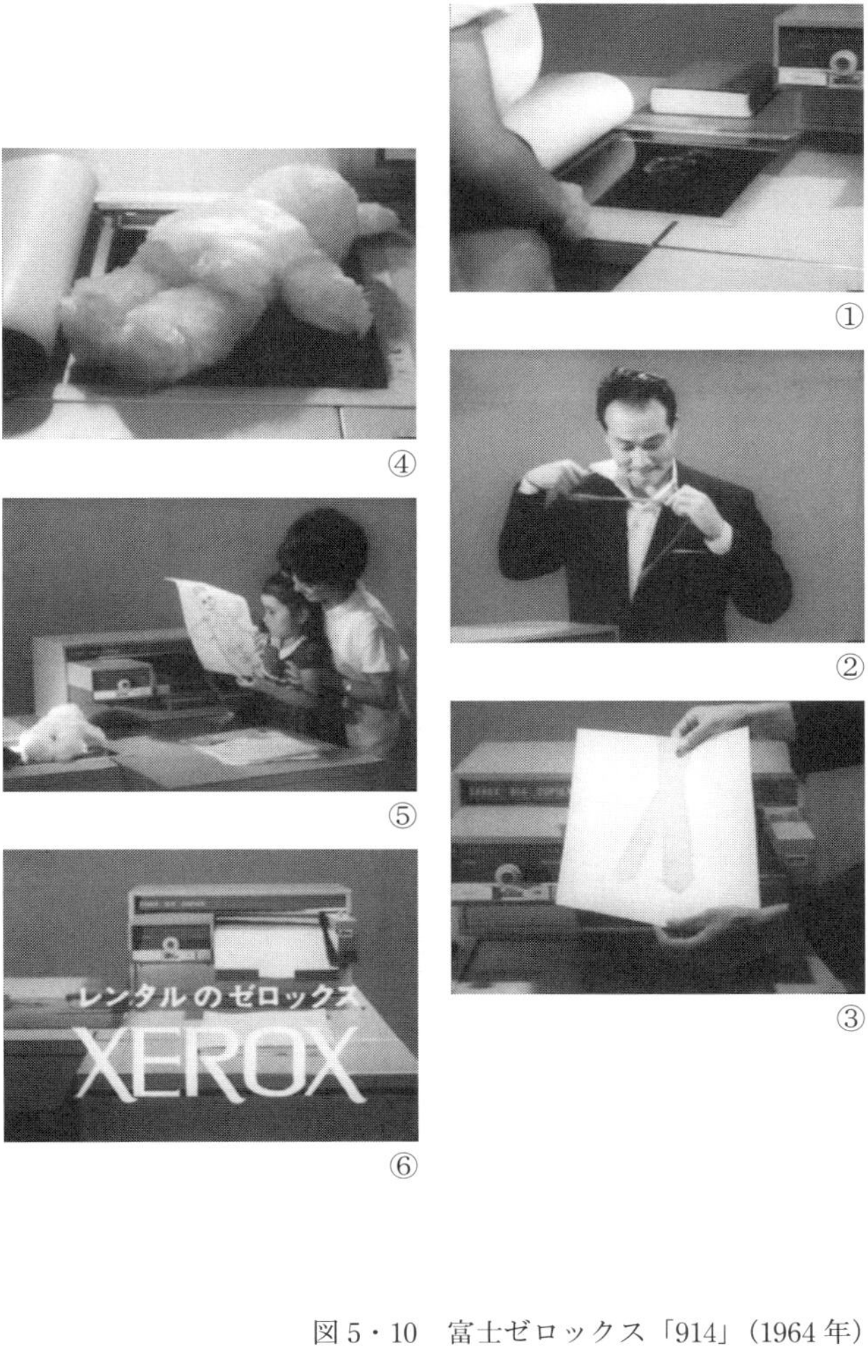

図5・10　富士ゼロックス「914」（1964年）

しれない)、「お姉ちゃんこれもー」と言ってそうな顔で勝手に人形をうつぶせに乗せてしまう。はっきり言って二人とも仕事のジャマであるが、ジャマしてまでもアピールしたいほど立体物のコピーは画期的だったのだ。

当時の914は一分間に七枚のコピー能力があった。現在のコピー機やプリンタと比べるとだいぶノンビリしたものだが、手書きやジアゾ式と比べれば圧倒的だ。PPCはコストが高いという問題を抱えてはいたが、高度成長の合言葉である合理化・効率化の代表選手として重宝され、少しずつオフィスに普及していった。

高度成長の象徴——東京タワー

高度成長にはいくつかの「象徴」と呼べるできごとがある。前半の象徴はなんと言っても東京タワー開業で、中盤は東京オリンピック、そして後半は大阪万博だろう。

東京タワーは放送電波の発信などを目的とした塔で、一九五七年六月着工、五八年十二月二十三日竣工、翌二十四日より展望台や商業施設が一般公開された。日本中からたくさんの観光客が訪れて東京の新しい名所になっていく。

そんな東京タワーはCMにもしばしば登場した。図5・11は極洋捕鯨(現・極洋)の企業広告（一九六〇年、六十秒）。東京タワーの展望台ではしゃぐ子どもたち。ひとりの女の子が何かを見つける。「あっ、お兄ちゃん、早く早く」。それは極洋の缶詰が水中にいくつも並べられた大きな水槽だった。たくさんの熱帯魚が缶詰の周りを泳いでいて、子どもたちは大喜びでそれをずっと眺めている。

この水槽について極洋に問い合わせたところ、資料が残っておらず詳細は不明とのこと。しかし極洋の社史を見ると、東京タワーの正面入口に極洋の巨大なレリーフが設置されていて、同社がメインスポンサーだったことがうかがえる。展望台の水槽もその流れで置かれた

図5・11　極洋捕鯨（1960年）

ものだろう。

漁業系の加工食品会社は当時全盛期で、極洋捕鯨（キ旗印）のほかにも大洋漁業（マルハ）や日魯漁業（あけぼの印）が好調だった（両社は二〇〇七年に経営統合してマルハニチロホールディングスとなる）。これらの会社は魚の缶詰だけでなくハム、ソーセージ、缶ジュースなども手がけ、加工食品は近代的で最先端の食生活としてもてはやされた。東京タワーと極洋捕鯨は最先端どうしの組み合わせだったのである。

高度成長の象徴――東京オリンピック

東京タワー開業から約六年後の一九六四年十月十日、東京オリンピックが開幕した（のちにこの日は「体育の日」となる）。十月二十四日までおこなわれた同大会はアジア初のオリンピックであり、日本にとっては一九四〇年大会の招致に成功しながら国際情勢の悪化で返上したリベンジでもあった。そして何よりオリンピックは、敗戦から復興し、経済成長をとげた戦後日本のひとつの到達点だった。六二年から六四年にかけて首都高速道路、名神高速道路、阪神高速道路の一部が次々と開通、六四年十月一日には東海道新幹線の東京―新大阪間が開通した。最高潮の中で日本はオリンピックを迎えたのである。

開会式の晴れわたる青空と、整然とした入場行進のカラー映像を見たことがある人は多いだろう。開会式はカラー放送で中継されたのだが、当時はカラーテレビが一般家庭にほとんど普及しておらず、日本人は東京オリンピックをほぼ白黒で観戦した。さらに言えば、当時はラジオを聴く習慣が根強く残っていたので、オリンピックをラジオで楽しんだ人も少なくなかったはずだ。

そのラジオ音源をレコードにしてプレゼントしたのがカルピス食品工業である。図５・12「カルピスオリンピックハイライト・ソノシートプレゼント」はその告知ＣＭ（一九六四年、

図5・12　カルピス食品工業「カルピスオリンピックハイライト・ソノシートプレゼント」(1964年)

六十秒）。カルピスびんの王冠を一個送ると抽選で二十万人（多い！）にオリンピックハイライトの入ったソノシート五枚一組が当たる。音源はＴＢＳラジオの中継を録音したものだった。当選数が多かったので現在でも中古レコード市場でよく見かけるが、聴いてみると臨場感があってなかなか面白く、これを聴いてオリンピックの興奮を思い出すというのは分かる。

このＣＭはオリンピック開催前に流されたもので、この時点ではまだ誰がどんな活躍をするか分かっていない。だから、ところどころ差しはさまれるスポーツのイメージ映像は、当時の日本人が思いつくベタなオリンピック競技のイメージということになる。映像を見るとそれは女子バレーボール、三段跳び、水泳だ。女子バレーは当時世界最強でじっさい金メダルをとったから分かるが、三段跳びは十位だったし水泳は銅メダル一個に終わっている。実績でいえばレスリングや体操のほうがはるかに良く、東京オリンピックではこの二競技で金メダルを計十個もとったのに、ＣＭでは採用されなかった。

その代わりになぜ三段跳びと水泳が使われたかというと、一九二八年アムステルダムオリンピック三段跳び金メダリスト・織田幹雄、一九三二年ロサンゼルスオリンピック三段跳び金メダリスト・南部忠平《ちゅうへい》、一九三六年ベルリンオリンピック水泳金メダリスト・前畑秀子、そして敗戦後の日本で次々と世界記録を打ち破った「フジヤマのトビウオ」古橋廣之進《ひろのしん》など、何十年も前に日本を熱狂させた古い記憶がこの時期にも強く残っていて、それがいまだに国際スポーツのイメージであり続けていたからだ。

そんな古いイメージが残っているなんて信じられないかもしれない。しかし、いちばん古い織田幹雄が三十六年前だから、今でいえば「男子マラソンといえば瀬古利彦と宗《そう》兄弟」くらいの距離感である。高齢者ならありえなくはない。南部と前畑は約三十年前で、「西武ライオンズの主砲といえば清原と秋山」くらいの感じ、古橋ブームは十六年前だから、スポーツではないがモーニング娘。の曲が「ＬＯＶＥマシーン」で止まっているような感じだろう。そんな人は身の回りにそこそこいるのではないだろうか。

スポーツにそこまで関心がない人にとっては、十年前二十年前のイメージが更新されずに残っているのは別に不自然ではない。東京オリンピック直前、多くの日本人にとって国際スポーツのイメージはいまだに三段跳びと水泳で止まっていた。そんなことが垣間見えるＣＭである。

第6章

便利な生活

自動販売機の普及

ここからは、高度成長期に訪れたいくつかの生活の変化を取りあげたい。まずは自動販売機の話から。図6・1は新三菱重工業（現・三菱重工業）「自動販売機」（一九六二年、六十秒）。「温かいものから冷たいものまで何でも買える」とうたうこのCMに映っているのは、キャンディー、ホット&コールドフード、コカ・コーラ、すし、アイスクリームの自動販売機である。すしだけ謎だが、いなりずしやのり巻の折詰だろうか。

自動販売機の普及が日本で始まるのは昭和三十年代のことだ。特に一九六一年と六二年は経済誌での記事が多く、ブームだったことが分かる。「経営の合理化」や「オートメーション時代」といった当時の合言葉にピッタリはまる存在で、話題性があったのだろう。

一九五六〜五七年ごろから、お金を入れてレバーを押すと切符、タバコ、チューインガムなどがゴトリと落ちてくる自動販売機が街に出始めた。紙コップで受けるタイプのジュースの販売機も同時期に出ている。紙コップタイプには生ビール、日本酒、焼酎を売る機械もあり、五〇年代末に新橋や浅草で人気だったという。

六〇〜六一年には、温度調節機能がついて温かいものと冷たいものを扱える機器が本格的

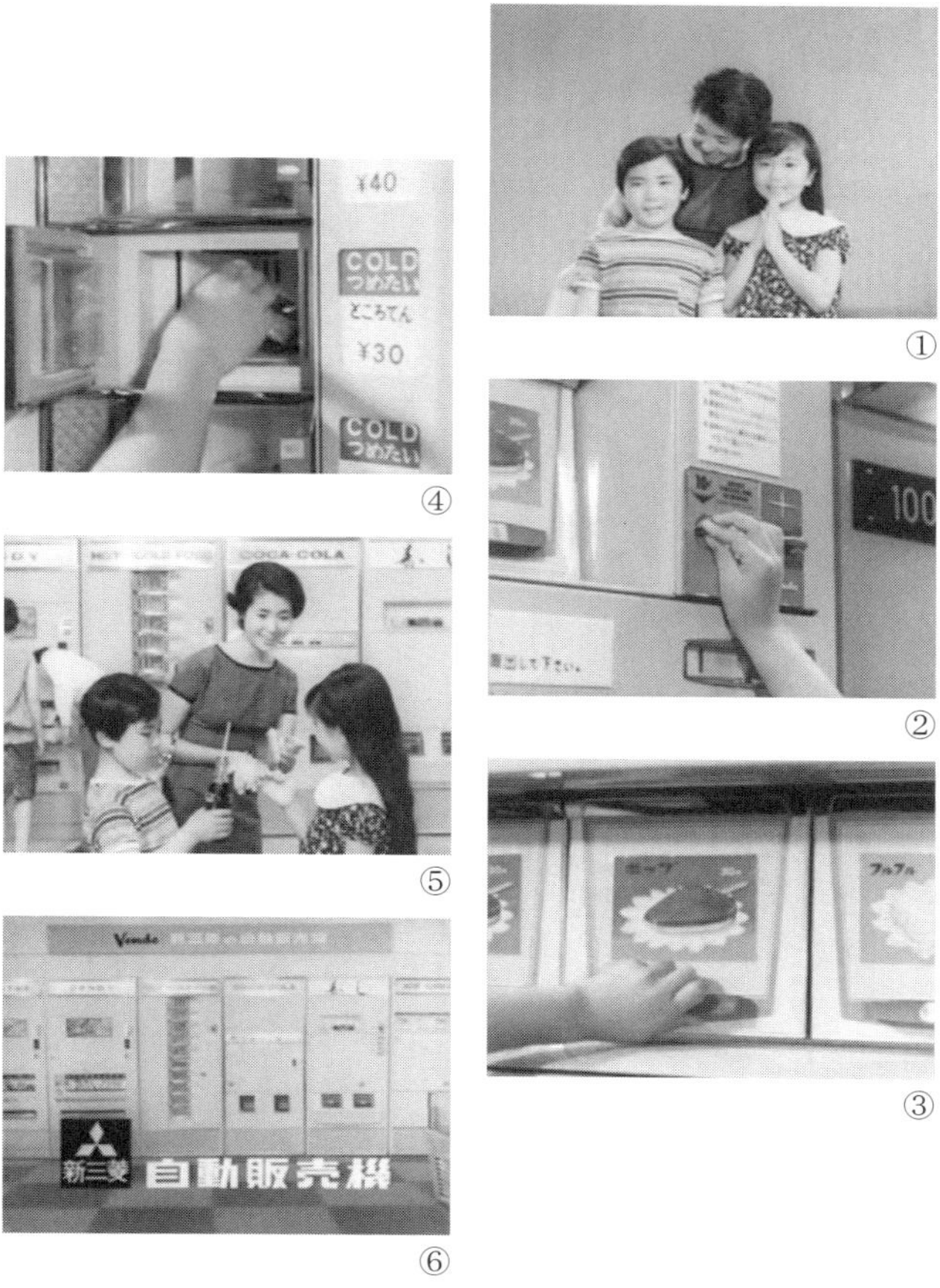

図6・1　新三菱重工業「自動販売機」(1962年)

に実用化され、缶ビールやビンジュースの販売機が登場した。市場を引っ張っていたのは中堅メーカーの津上製作所（現・ツガミ）だったが、沖電気工業と新三菱重工業がこれに続き、中小企業のフィールドだった自動販売機に大手が参入してくる。新三菱のＣＭは六二年五月制作で、参入してまもなく作られたものだ。

ＣＭを見てまず気づくのは食品の販売機の多さだろう。現在では自動販売機というと飲料のイメージが強いが、当初は飲料に限らずあらゆるものを自動販売機で売ろうというコンセプトだった。業界誌に掲載された販売機種の一覧には、飲料以外にも食品、衣料品、書籍、文具、化粧品、タバコなどの専用機がならぶ。食品はパン、サンドイッチ、ホットドッグ、パイ、ピーナッツ、果物、アイスクリームなど幅広い。食品と飲料の自動販売機は会社、工場、大学などの売店に置いて、従来の食堂にかかる人件費や設備費を抑えることが目指されていた。

現在、食品の自動販売機はややマイナーな存在だ。駅のホームなどに菓子パンやアイスの自動販売機があるが、その数は飲料と比べてかなり少ない。しかし、ひと昔前まで食品の自動販売機はもう少し存在感のあるものだった。大学生協の外にはお湯が出るカップ麺の販売機があったし、国道沿いのドライブインに入るとホットサンドやうどんの自動販売機があった。

そもそも自動販売機は、対面販売式（店員にほしいものを伝えて出してもらう方式）、スーパーマーケット式（自分でほしい商品を集めてレジに持って行く方式）に続く「第三の販売」として話題になったもので、売店やスーパーで買えるものはすべて自動販売機でも買えるのが理想だった。ＣＭの中で食品の販売機が重視されているのは、こうした考え方を反映したものだ。

オートパーラーの流行

ＣＭの最後のコマに映っているような、いくつもの自動販売機を固めて置いたコーナーを「オートパーラー」と呼んだ。話題になったのは池袋西武百貨店地下一階のオートパーラーで、六二年三月にオープンすると物珍しさもあって大勢の人でにぎわったという。西武のオートパーラーには計十三台の販売機があり、ケーキ、ホットドッグ、パン、菓子、玉子、みつ豆、サンドイッチ、アイスなどの食品と、コカ・コーラ、ホットコーヒー、コールドミルク、ジュースなどの飲料が買えた。他にカレーライス、カツ丼、とうもろこしなどの冷凍食品が売っていて、当時最先端の家電だった電子レンジ四台で解凍・加熱する。客は好きなものを買ってテーブルで食べる仕組みだ。

広告専門誌『ブレーン』一九六二年十一月号の特集「脚光を浴びる自動販売機」の中に、新三菱のCMとまったく同じ機種が同じ順番で並んでいる写真がある。目を凝らすと看板に「西武」の文字を確認できる。もしかすると、新三菱のCMは西武オートパーラーでロケをしたものかもしれない。

オートパーラーは西武のほかに銀座三愛《さんあい》とNHKにあったが、一年半ほどでブームは去ってすべて閉店してしまったという（東京以外の事例は不明）。しかし自動販売機自体は着実に普及していき、当初言われていた販売に革命を起こすというほどではなかったが、飲料を中心に全国に展開していった。飲料といっても紙コップ式とビン（販売機についた栓抜きで開ける）が中心なので、今とはだいぶ雰囲気が違うものだ。

町のオアシス――紙コップ式ジュース販売機

紙コップ式のジュースの自動販売機で当時もっとも有名だったのは、星崎電機（現・ホシザキ）の「オアシス」だろう。図6・2はそのオアシスを含む星崎の自動販売機のCM（一九六三年、六十秒）。海外から商談で日本にやってきた外国人男性が、空港、町中、オフィスなどいたるところに星崎のジュース販売機を見つける。三つ出てくる機械のうち最初のふたつがオアシスだ。商談に来たのにジュースにばっかり目がいく男性がお茶目なＣＭである。オアシスは上部に透明なガラスのドームがついていて、その中でジュースがゴボゴボと下からふき上がり噴水のようになっているのがトレードマークだった。中身はオレンジジュースだ。

昔は今のように水分を持ち歩く習慣がなかった。水や麦茶のようなごくごく飲めるものは携帯用に商品化されておらず、水筒はかさばるので常時持ち歩くのは面倒くさい。多くの人は、外出先でのどが渇いたら公園や駅の水飲み場で水を飲んだ。私が子どもの頃は足でペダルを踏むと冷水が上向きに出てくる給水機がいろんなところにあり、そこで水を飲んでいた。

図6・2　星崎電機「自動販売機」(1963年)

しかし一日に一回くらいは、売店や自販機でジュースを買ったり、喫茶店に寄ったりして、甘い味のついた飲料を楽しんだのである。

現在では持ち運びが容易なペットボトルが普及し、水やお茶が商品化され、自販機とコンビニがいたるところにある。水分を摂《と》るための環境は半世紀前と現在で大きく変化した。今ではなかなか想像できないが、昭和三十年代、十円を入れれば冷えたオレンジジュースが出てくる機械が町中に置いてあるのは、相当ありがたいことだったはずだ。文字どおりオアシスだったのだろう。

インスタントラーメンの登場

高度成長期の食生活の革命のひとつにインスタント食品がある。インスタント食品の代表といえばやはりラーメンだろう。日本初の本格的インスタントラーメンは一九五八年八月発売の日清食品「チキンラーメン」である。日清食品の社史によると、翌五九年、六〇年と全国で多数のメーカーがインスタントラーメンに参入し、商標や製法特許をめぐる争いが次々と起こり、業界団体がいくつも離合集散を繰り返してしばらく収拾がつかなかったという。

そんな中から、チキンラーメンに劣らない質の良い商品がいくつも登場した。現在でも有名な明星食品、エースコック、シマダヤ、サンヨー食品（サッポロ一番）などがそうだ。また、前章でも取り上げた食文化の最先端・水産会社も大手はほとんど参入し、日魯漁業（あけぼのラーメン）、東洋水産（マルちゃん）、大洋漁業（マルハラーメン）などがしのぎを削った。

もうひとつ重要なのが大手総合商社の参入で、三井物産が永安食品「マイラーメン」を販売、丸紅飯田（現・丸紅）は東京と大阪の別々のメーカーの商品を「ベニーラーメン」の名前で販売した。三菱商事と伊藤忠商事はチキンラーメンの販売を請け負っている。図6・3（148ページ）にいくつかのCMを示した。ベニーラーメンに出演しているのはコメディアンの谷幹一。

図6・4（149ページ）はサンヨー食品「ピヨピヨラーメン」（一九六四年、十五秒）。のちに日清食品のよきライバルとなる「サッポロ一番」ブランドで知られるサンヨー食品のデビュー作である。ピヨピヨラーメンというネーミングは明らかに即席麺の巨人・チキンラーメン（ニワトリ）に対する赤ん坊（ヒヨコ）のイメージだ。創業者・井田毅《たけし》の伝記にもそう書かれている。

サンヨー食品は群馬で創業し、最初は日魯漁業のあけぼのラーメンを製造していたが、一九六三年七月に自社製品として「ピヨピヨラーメン」を発売、売り上げを伸ばして六六年一

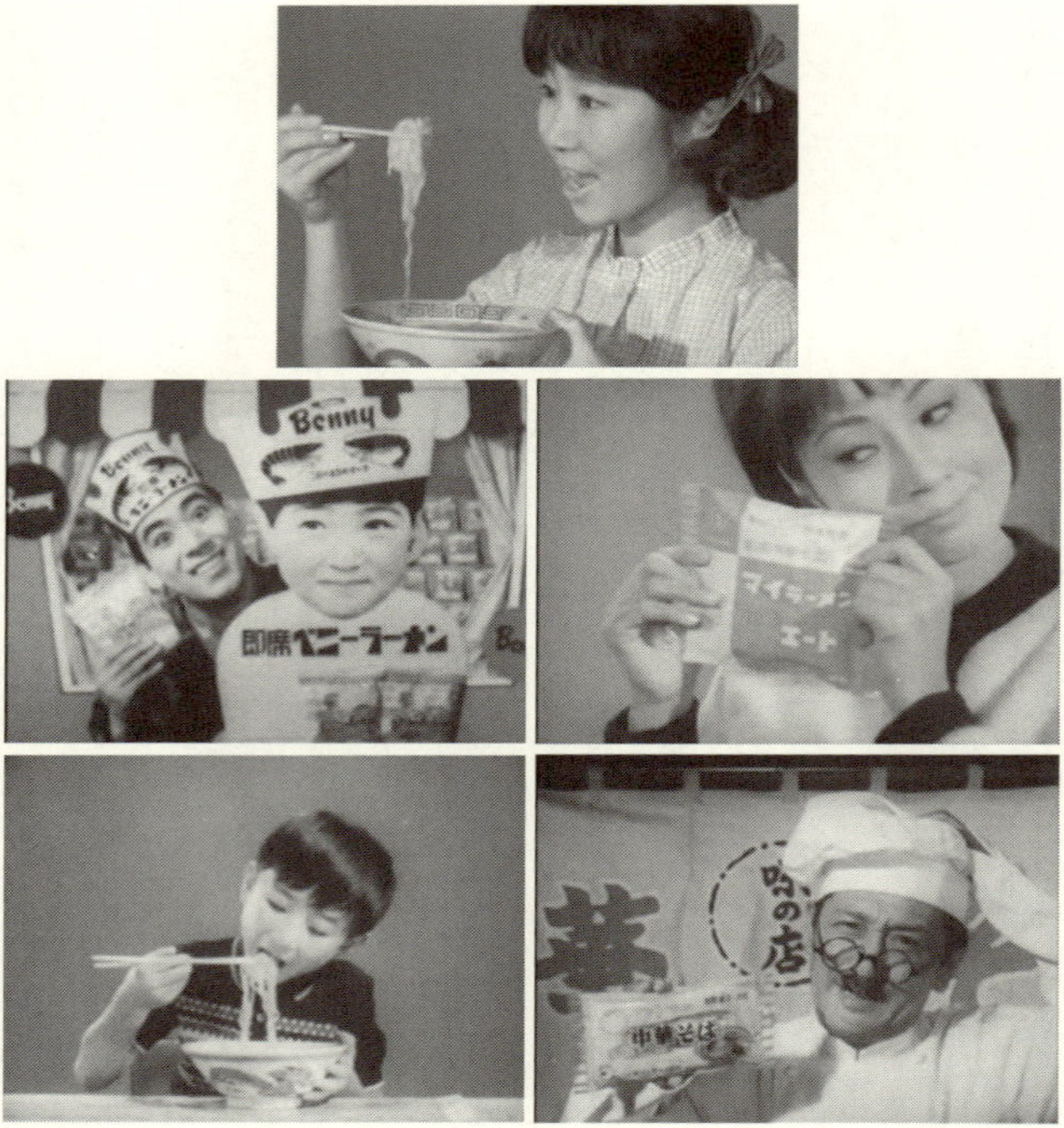

図 6・3
（上）　エースコック「即席ワンタンメン」（1964 年）
（中左）丸紅飯田「即席ベニーラーメン」（1961 年）
（中右）三井物産「マイラーメンエート」（1963 年）
（下左）大洋漁業「マルハラーメン」（1964 年）
（下右）東洋水産「マルちゃんの中華そば」（1966 年）

月に「サッポロ一番しょうゆ味」の発売にいたる。日清食品が一九七一年に「カップヌードル」を出すと、サンヨー食品も七五年に「カップスター」を完成させて対抗した。世界のカップヌードルには及ばないものの、根強いファンを獲得している会社である。

図6・4　サンヨー食品「ピヨピヨラーメン」(1964年)

インスタントは新しいライフスタイル

図6・5(150ページ)は日清食品「チキンラーメンニュータッチ温麺」(一九六二年、九十秒)。三人の主婦仲間が団地に集まってワイワイおしゃべりを楽しみ、おやつにインスタントラーメンを食べる。ここに描かれているのはまぎれもなく若い世代の最先端のライフスタイルだ。

第一に、舞台が団地である。近代生活の象徴である団地のダイニングテーブルでおやつを食べるなんて、若い世代が最高にあこがれるシチュエーションだ。第二に、主婦の余暇が描かれている。家電製品や加工食品で家事労働の手間が削減され、余暇が生まれる。私もこんな暮らしがしたいと多くの女性は思ったはずだ。

そして第三に、インスタント食品を食べている。「チキンラーメンニュータッチ」は聞き慣れない商品だと思うが（ヤマダイ「ニュータッチ」シリーズとは別物）、屈曲めんという強いウェーブがかかった麺に別添の粉末スープがついた新感覚のラーメンで、六二年八月の発売。冷麺と温麺があってこのCMは温麺だ。

ナレーションを聞くと、「割っためんを器に入れ熱湯を注ぎ、お湯を切り、スープを加えて沸騰したお湯をひたるほど入れ、かやくをのせふたをして三分間」でできあがる。湯切りの行程があるので面倒くさく感じるが、当時としては簡単なほうだ。それよりも三人分を湯切りしてまた注ぐだけの量を一個のやかんで沸かせるのか気になったが、細かい話はよそう。

図6・5　日清食品「チキンラーメンニュータッチ温麺」（1962年）

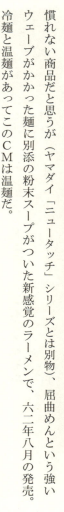

ともかく、このＣＭには高度成長のあこがれがいっぱい詰まっている。これこそが理想的な消費生活である。

インスタント食品は他にも粉末ジュース、みそ汁、しるこ、インスタントコーヒー、だしの素などいろいろあり、どれも人気だった。昭和四十年代に入るとレトルトカレーやカップラーメンも出てくる。インスタント食品は高度成長の代表的なアイテムのひとつとして、生活の合理化・効率化にひと役買ったと評価できるだろう。

一方でインスタント食品はひとつの問題を抱えていた。「心がこもっていない」という批判である。インスタントに頼る主婦を批判し、手作りやおふくろの味を賛美する論調は当時からある。それと関連してシンプルに「まずい」という批判もあった。こうした批判がインスタント食品の普及を強くさまたげることはなかったが、愛情料理との対比で負のイメージを持たされる構図は、長いあいだインスタント食品にまとわりついた。

個人的な記憶を言うと、私の幼少期にはかろうじて粉末ジュースがまだあって、とてもまずかったのをよく覚えている。あめ玉を砕いて水でといたような、なんとも言えない微妙な味だった。他のインスタント食品もいま食べたらあんまりおいしくないんだろうなと思うが、タイムマシンに乗ってちょっと味見してみたい気持ちもある。どのくらい不自然な味なのだろうか。

暑さをしのぐテクノロジー

寒さは命にかかわることもあり、古来より火を用いた様々な暖房器具が開発されてきた。しかし暑さについては我慢すれば何とかなるからなのか、気休めていどの対策しか存在してこなかった。それを乗り越えたのが扇風機とクーラーというふたつのテクノロジーである。といっても昭和三十年代にこのふたつがそろっている家庭はほとんどなく、扇風機だけをみても完全普及までいま一歩という感じだ。

昔はいまほど猛暑じゃなかったから平気でしょ、と思われるかもしれない。たしかに気象庁のデータを調べるとそう言えなくもない。昭和三十年代（一九五五〜一九六四）とここ十年（二〇〇九〜二〇一八）の東京地方の七月と八月、計六十二日の気温を比べてみると、最高気温が三十度を超えた「真夏日」の数は昭和三十年代が六十二日のうち平均三十七・一日、ここ十年が四十三・五日。最高気温が三十五度を超えた「猛暑日」は昭和三十年代が一・六日、ここ十年が六・三日と、最近のほうが暑い日が多い。また、最低気温が二十五度を超えた「熱帯夜」は昭和三十年代が十三・一日、ここ十年が二十九・二日と倍以上もある。最近のほうが日中暑く、夜はもっと暑いことはデータから明らかだ。

とはいえそれは、昭和三十年代が涼しかったということではない。昭和三十年代だって真夏日は平均三十七日あったのだ。とりわけ一九六一年は四十八日も真夏日があった。翌六二年は猛暑日が五日、東京は最高で三十七・六度を記録した。

この熱波の中でさえ、経済企画庁の消費者動向予測調査によると扇風機の普及率は五十・六％にすぎず、ルームクーラーにいたってはわずか〇・七％であった。単純に考えれば、都民の約半数がこの猛暑をうちわや氷だけで乗り切ったことになる。エアコンに慣れきった私たちには信じがたい話だ。

電気扇風機は明治時代から生産され、大正時代には富裕層向けや店舗用として一定の普及を果たしていた。高度成長期にはそれがさらに高機能化するとともに、値段が下がって一般家庭に広がっていく。

図6・6（154ページ）は三洋電機「サンヨー扇風機」（一九六三年、三十秒）。1コマ目のツマミは首振り範囲を調節するもので、おそらく0度（首振りなし）、30度、60度、90度の四段階になっている。3コマ目のハンドルを回すと首が自由に伸び縮みする。こうした操作を扇風機のうしろに回り込まずにすべてフロントでおこなえるのがこの商品のウリだったよ

うだ。

　当時、夏の家電の主役はクーラーではなく圧倒的に扇風機だったので、各社とも力を入れてどんどん新製品を投入し、巨大なシェアを激しく奪い合う状況だった。その結果、現在よりもはるかに多機能、高機能な扇風機がひしめき合うことになった。前面操作や首振り範囲の調節は他社製品にも備わっており、他にも有線リモコン、首振りスピードの調節、壁掛けタイプ、風量をダイヤルで微調整できるタイプなど、さまざまな工夫を凝らしてある種のガラパゴス的な進化をとげていた。

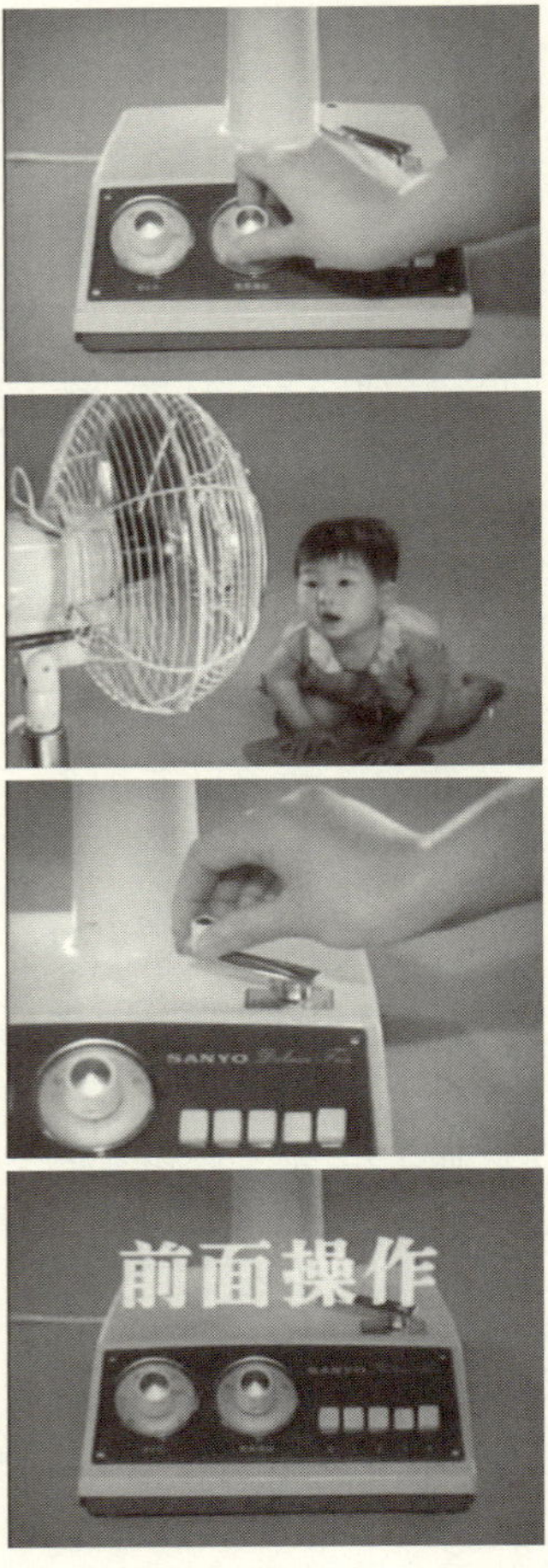

図6・6　三洋電機「サンヨー扇風機」(1963年)

今よりも昔のほうが多機能・高機能だった商品は時々ある。固定電話なんかがそうで、携帯電話が普及する直前の固定電話はボタンが何色にも光ったり、何に使うかよく分からないボタンがたくさん並んでいたり、ムダとしか思えないような機能がゴテゴテついていた。鉛筆削りにもトガリ具合によって異なる色のランプが光る機種があった。扇風機もそうした商品のひとつで、今は進化を止めてしまったが、昔は群雄割拠の個性派ぞろいだったのである。

高かったルームクーラー

一方のクーラーは昭和三十年代にはほとんど普及しなかった。理由はひとつ、高かったからだ。当時の人気雑誌『主婦と生活』の家電記事を見ていくと、クーラーは当時の価格で十二万円から十九万円くらいする。雑誌には「この夏ご購入を検討の皆様へ」などと書かれているが、一般的な収入ではそうそう「ご購入」できるものではない。

しかも現在のようにクーラー本体と室外機が別々ではなく、一体になっている型が主流だったので、壁や窓に穴を開けて機械のお尻を室外に出すように設置しなければならず、二万〜三万円の工事費が別にかかる。井戸水をくみ上げられる家なら水冷式という安いタイプが設置できたが、井戸のない多くの家では空冷式という高いタイプを導入するしかなかった。

こうした価格の問題がクーラーの普及を強くさまたげていたのである。

図6・7と図6・8は三洋電機が一九六二年に出した空冷式（図6・7）と水冷式（図6・8）のCM。空冷式十二万八千円に対して、水冷式は四万五千円とかなり差があることが分かる。都市部で井戸水を使える家がどのくらいあったのか分からないが、限られていただろう。クーラーが普及するにはまず空冷式の低価格化が必要で、さらに壁や窓を大きく抜かずに設置できる室外機分離型の発達が不可欠だった。

一九六七〜六八年になると3C（カー、クーラー、カラーテレビ）がもてはやされるようになるが、六八年のクーラー普及率は五％であまり伸びていない。一般家庭のクーラーが当り前になっていくのは一九七〇年代に入ってからだ。

ところで昔のクーラーの効き目はどうだったのか。たいして効かなかったんじゃないかと思うかもしれないが、そうとも限らない。和歌山市にある私の母方の実家には「COLD AIR」というロゴの入ったクーラーがあった（メーカーは覚えていない）。私が小学生だった八〇年代初頭にすでに古びていたので、七〇年代の初めか六〇年代末に購入した古いものと思われる。そのクーラーは、スイッチを入れてしばらくすると氷のように冷たい風がブワアーと一気に吹き出してきてものすごかった。同い年のいとこと「寝るな！　寝たら死ぬ

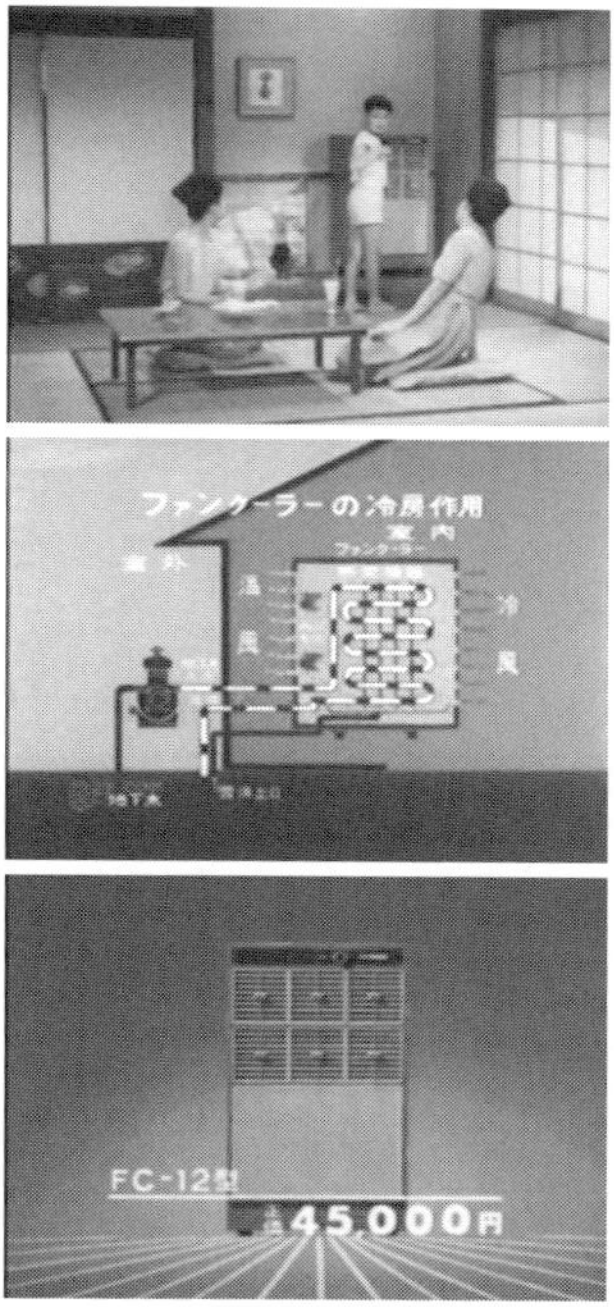

図6・8　三洋電機「サンヨーファンクーラー」(1962年)

図6・7　三洋電機「サンヨーエア・コン」(1962年)

ぞ！」なんて遭難ごっこをしたのを覚えている。

旧式だから効き目が弱いのではなく、旧式だから効き目をコントロールできないのだ。むしろ効き目を弱くできるほうが進んだテクノロジーということだ。

電気釜 vs.ガス炊飯器

扇風機と冷房以外にも、高度成長期の家庭には生活を便利にするさまざまなものが入ってきた。電気掃除機、炊飯器、トースター、魔法ビン、電気カミソリ、ドライヤー、換気扇、ステンレスキッチン、食品包装ラップ、箱ティッシュ……あげればキリがないが、現在の私たちの生活に欠かせない多くのモノはこの頃に普及が始まっている。

図6・9は、さきほどから三洋電機ばかりで恐縮だが「サンヨー電気釜ホットママ」（一九六三年、三十秒）。炊き上がると自動的に保温モードに切り替わり、八十度で保温されるからご飯がいたまないという。同時期の他社の電気釜のCMでも保温機能をアピールしていて、いちばんのウリだったようだ。

当時、炊飯器のない家では鍋や釜でご飯を炊くわけだが、最大の欠点は火からおろすと冷めてしまうことだ。だから電気釜のCMでは冷めないことをアピールした。一方で味の良さ

図６・９　三洋電機「サンヨー電気釜ホットママ」（1963 年）

をあまり推してこないということは、鍋炊きや釜炊きと比べてそれほどおいしくなかったのかもしれない。

　そんな電気釜に対して味の良さをアピールしてくる炊飯器があった。ガス炊飯器である。ガスコンロの上におひつが取りつけられた形のガス炊飯器のＣＭでは、ライバルの電気釜よりも炊き上げる力が強く、だからおいしくできるのだという主張がみられる。図６・10（１６０ページ）は小林製作所（現・パロマ）「ガス自動炊飯器」（一九六一年、六十秒）。「おかわりをするほどおいしいごはんの秘密、それは熱量が電気釜に比べてガス釜のほうが三倍も強

図６・10　小林製作所「パロマガス自動炊飯器」（1961年）

く……」と、電気釜を名指しで批判する。

　東京ガスの一九六四年のＣＭでも、スーツを着た誠実そうな男性がガス炊飯器の横に立ち、次のように訴える。

「最近、ごはんがおいしく炊けないという声を聞きます。これは炊くときの火力が弱いため時間がかかりすぎる場合です。この点ガス炊飯器は強い火力ですばやく炊き上げますから、おいしさも絶対の自信があります」

　ガス炊飯器には電気釜のような保温機能がついていなかったが、そのかわり味の良さで勝負していたようだ。パロマのCMでは味の良さを保証する米のプロとして寿司職人が出てくる（1コマ目）。東京ガスの一九六一年のCMでも落語家の桂小金治が寿司職人に扮して、「あっしらシャリが生命ですからね、ガスで炊かないとお客さんが満足なさらないんですよ」と粋な口調で語りかける。

ガス炊飯器は炊き上がりの早さから現在では業務用（三升炊き、五升炊きなど）のイメージが強いが、昭和三十年代には家庭用も存在感を放っていた。その後、電気釜も進化してふっくらおいしく炊けるようになり、家庭用炊飯器は電気釜の独壇場になっていく。

ガス風呂に毎日入る生活

昭和三十年代は「家庭電化」という言葉で語られがちだが、さまざまなガス製品も家電製品と同じように普及した。ガスストーブ、ガス湯沸かし器、ガス風呂、ガス炊飯器、珍しいところではガス冷房やガス冷蔵庫もある。

図6・11（162ページ）は東京ガス「ガス冷蔵庫」（一九六一年、九十秒）。ナレーションによると、アンモニア溶液をガスバーナーで熱して気化させると一気に周囲の熱を奪う性質を応用したものだという。電気冷蔵庫のように音や振動が発生しないので、静かさもウリだ

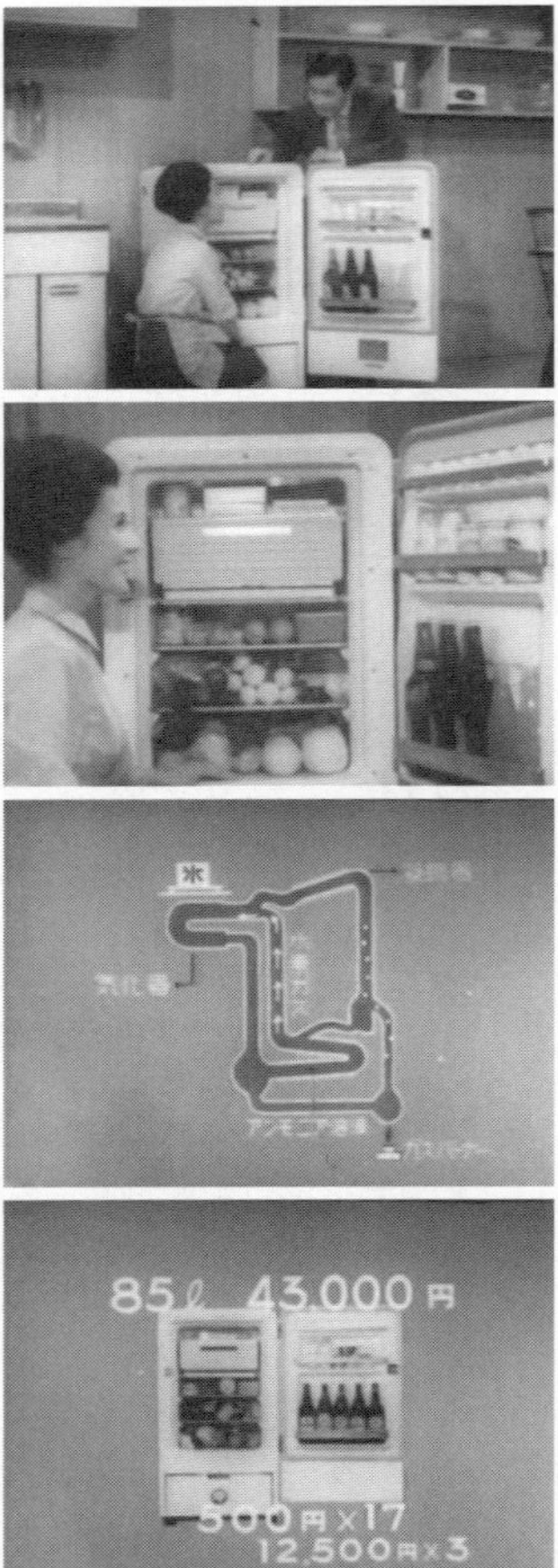

図6・11　東京ガス「ガス冷蔵庫」(1961年)

った。ガス冷蔵庫は今ではほとんど見られなくなったが、似たような原理のガス冷房はたまに業務用で見かける。私の研究室がある大学の建物もガス冷房だ。

ガス風呂の普及も高度成長期である。総理府統計局『住宅統計調査報告　昭和38年第1巻』によると、内風呂の普及率は全国で約五十九%、人口集中地区に限ると約四十%だった。町ではまだまだ銭湯が主流だったが、一方で新築の団地や一戸建は最初から内風呂をつけることが多くなった。当時の婦人雑誌を読むと、一戸建の場合はガスに加えて薪、石炭、石油、練炭、太陽熱などいろんな熱源があったようだが、公団住宅などではほぼガス風呂である。

図6・12は東京ガス「ガス風呂」（一九六〇年、九十秒）。おうちをガス風呂にしませんか、と呼びかけるこうしたCMは、直接的には一戸建の風呂を改装・増築する人向けのものだが、風呂なしの団地やアパートに住む人にも「内風呂があるといいなあ……」と将来の夢を抱かせる効果があっただろう。

その後、東京ガスは広告キャラクターに人気絶頂のコメディアン・植木等を起用する。CMの中で植木は、「毎日風呂に入れれば、ほーら、このとおり」と言ってツルツルのほっぺたをなでる。「毎日」というのがキーワードだ。当時の日本人にとって風呂に毎日入るのは当

図6・12　東京ガス「ガス風呂」（1960年）

然のことではなかった。植木は新しいライフスタイルを提案していたのだ。植木が主演した映画「無責任」シリーズに、遅くまで飲み歩いた主人公がアパートでスーツのまま寝てしまい、翌朝髪をとかしてそのまま出勤するシーンがある。飲んで帰れば銭湯は営業終了しているし、毎日行くのもお金がかかるしで、夏でなければ二～三日に一回で済ます人は少なくなかったはずだ。

しかし内風呂があれば、銭湯よりもはるかに安いガス代と水道料金で、営業時間を気にすることなく毎日気軽に風呂に入ることができる。内風呂の普及によって毎日入浴する習慣が日本人に浸透し始め、日本人の清潔さに対する考え方、感じ方が少しずつ変化していったのである。ただし、このときはまだ毎日入浴する習慣が広まっただけで、毎日洗髪する習慣はもう少し先のことだ。現在の日本人の清潔意識にいたるにはいくつかの段階がある。

この章では自動販売機、インスタント食品、冷房、扇風機、炊飯器、内風呂のＣＭを見てきた。どれも現在のものと比べればたいした性能ではないが、現在のクオリティにいたる大切な第一歩をこの時期に踏み出した。その第一歩の喜びは、ＣＭの出演者たちの希望に満ちた表情にとてもよく表れているように感じる。

第7章

楽しい子どもたち——おもちゃ、お菓子、オマケのＣＭ

高度成長の恩恵は子どもたちにも届いた。楽しそうなおもちゃ、おいしそうなお菓子、ワクワクするようなオマケ。たくさんの子ども向け商品が店に並んだ。当時少年少女だった人たちにとって、懐かしいものもあれば、買ってもらえなくて悔しかったものもあるだろう。この章ではそんな子ども向け商品のCMを見ていきたい。

ラジコンとお人形――増田屋のおもちゃ

まずはおもちゃのCMから。昭和三十年代を代表するおもちゃメーカーといえば、任天堂でもバンダイでもなく、増田屋齋藤貿易（現・増田屋コーポレーション）ではないだろうか。増田屋は戦後、ブリキ玩具を次々とヒットさせ、とくに輸出で大きな成功を収めた会社である。当時の玩具業界全体が東南アジアやアメリカ・ヨーロッパへの輸出産業として発展していたが、増田屋はその中でも断然トップの業績だった。

一九五五年十一月、増田屋は世界で初めて本格的な無線操縦玩具を市場に送り出す。同社の登録商標になっている「ラジコン」である。図7・1は最初のラジコン製品「ラジコンバス」のCM（一九五六年、六十秒）。いかにもお坊ちゃま風のネクタイをした少年が、広々とした洋間でラジコンを上手に操縦する。第2章で取りあげた國分商店の蝶ネクタイ少年にも

図7・1　増田屋齋藤貿易「ラジコンバス」（1956年）

似た、分かりやすい裕福さの演出だ。たしかにラジコンはかなりの高級品だった。当時の価格で四千五百円、大卒初任給の八割くらいの値段だ。スネ夫クラスでないとなかなか買ってもらえないだろう。

増田屋はその後、ラジコンボート、ラジコンセダン、ラジコンロボットを発売。また、笛を吹くと音に反応して方向転換やバックをする「ソニコン」も話題になった。

一方で増田屋は女児向けの玩具でも業界をリードした。図7・2（168ページ）は「歩く人形」（一九五六年、三十秒）、図7・3（168ページ）は「ウィピィちゃん」（一九五八年、

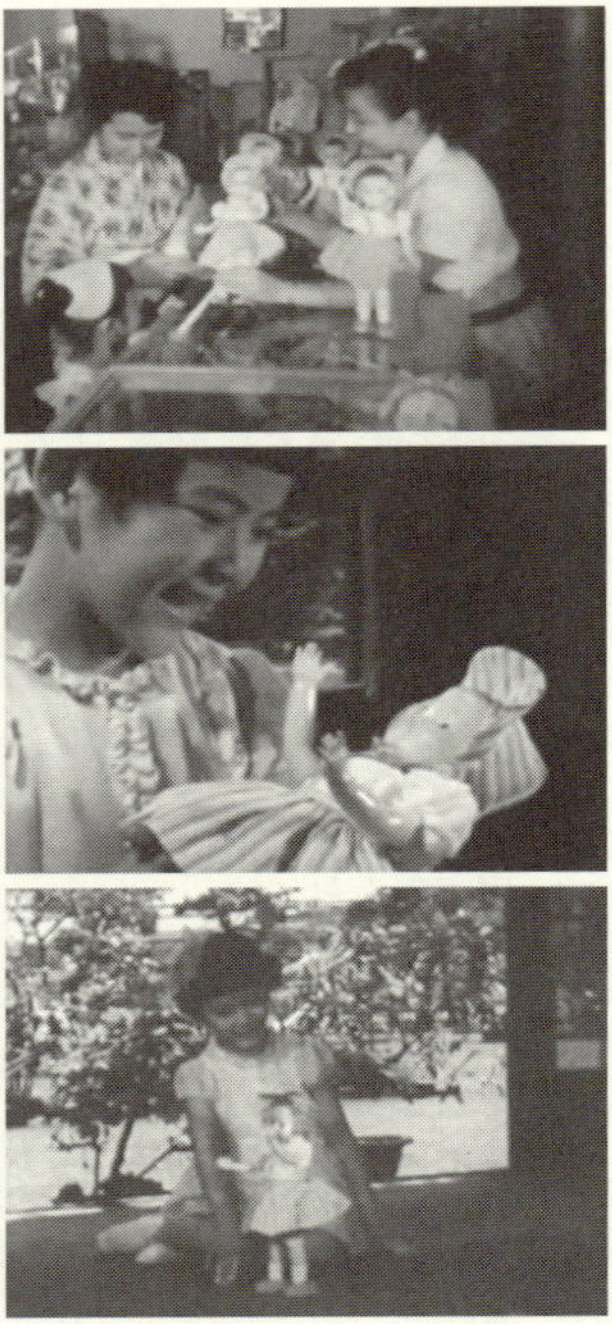

図7・2　増田屋齋藤貿易「歩く人形」（1956年）

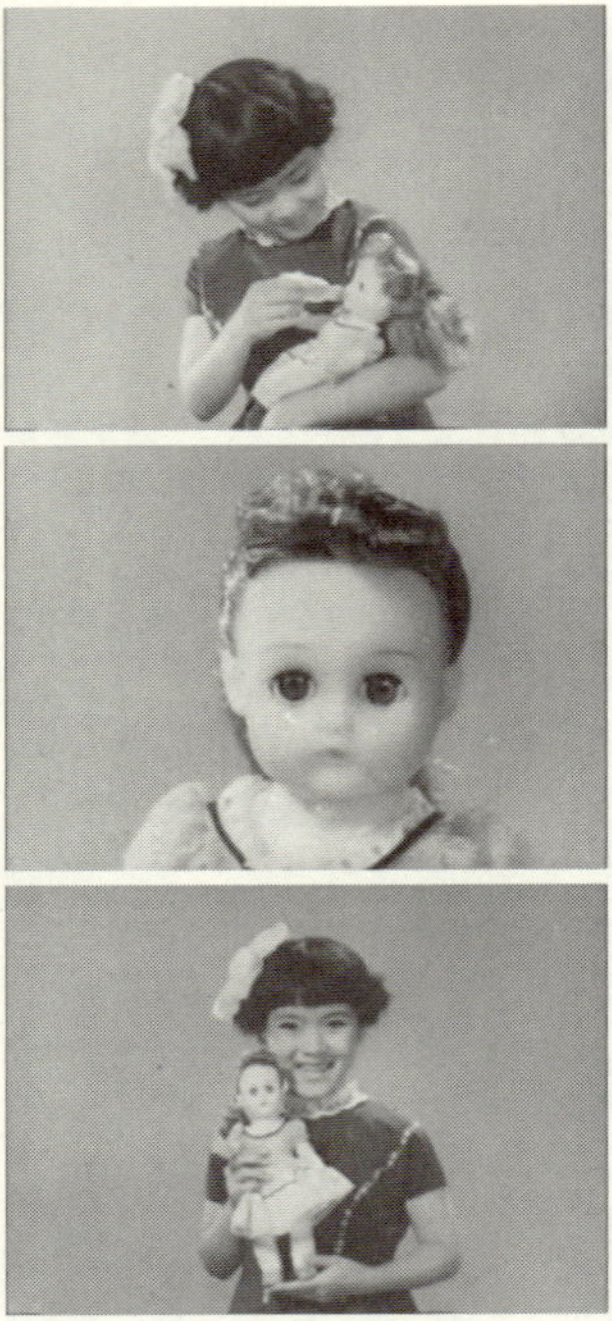

図7・3　増田屋齋藤貿易「ウィピィちゃん」（1958年）

三十秒)。出演はいずれも、増田屋のイメージキャラクターをつとめていた人気子役・童謡歌手の小鳩くるみ(一九四八年生まれ)である。

歩く人形は大ヒット作「ミルクのみ人形」と同時期に発売されていた商品で、ゼンマイ仕掛けで手足を動かしてゆっくり進む。雑誌広告には「通産大臣賞受賞」とある。一方のウィピィちゃんはミルクのみ人形の進化版で、口からミルク(に見立てた水)を飲ませておなかを押すと、涙になって目から出てくるというもの。通常のミルクのみ人形は腰のあたりに排水口があるが、それを目に付け替えたかたちだ。

増田屋のお人形は、『なかよし』などの女児向け雑誌に小鳩くるみをフィーチャーした広告が掲載され、知名度は抜群で女児たちのあこがれも強かっただろう。しかしこれまた、大型のものは二千〜三千円する高級品だった。しかも着せかえ機能があったからオプションが豊富で、子どもの言いなりになっているとどんどん出費がかさんだようだ。読売新聞一九五六年三月十九日の記事によると、洋服、帽子、靴下、靴に加えておままごと用の寝台、タンス、乳母車、さらには洋服を縫うための専用ミシン(三千円)まであったという。

ラジコンもお人形も高級品だったわけだが、逆に言えば当時の増田屋が圧倒的なクオリティとブランド力を持っていたということでもある。昭和三十年代前半の増田屋は名実ともにおもちゃの横綱であった。

バンダイのボードゲーム

他社のＣＭも見てみよう。図７・４は萬代屋のＣＭ（一九五八年、三十秒）。見慣れない社名だが、音読みすると分かるようにバンダイのことだ。このＣＭフィルムは十一月末に納品されているのでクリスマス商戦用だろう。バスケットゲーム、磁石を使ったサッカーゲーム、スポイトでボールを転がして遊ぶプープーゲームといったボードゲームを紹介している。

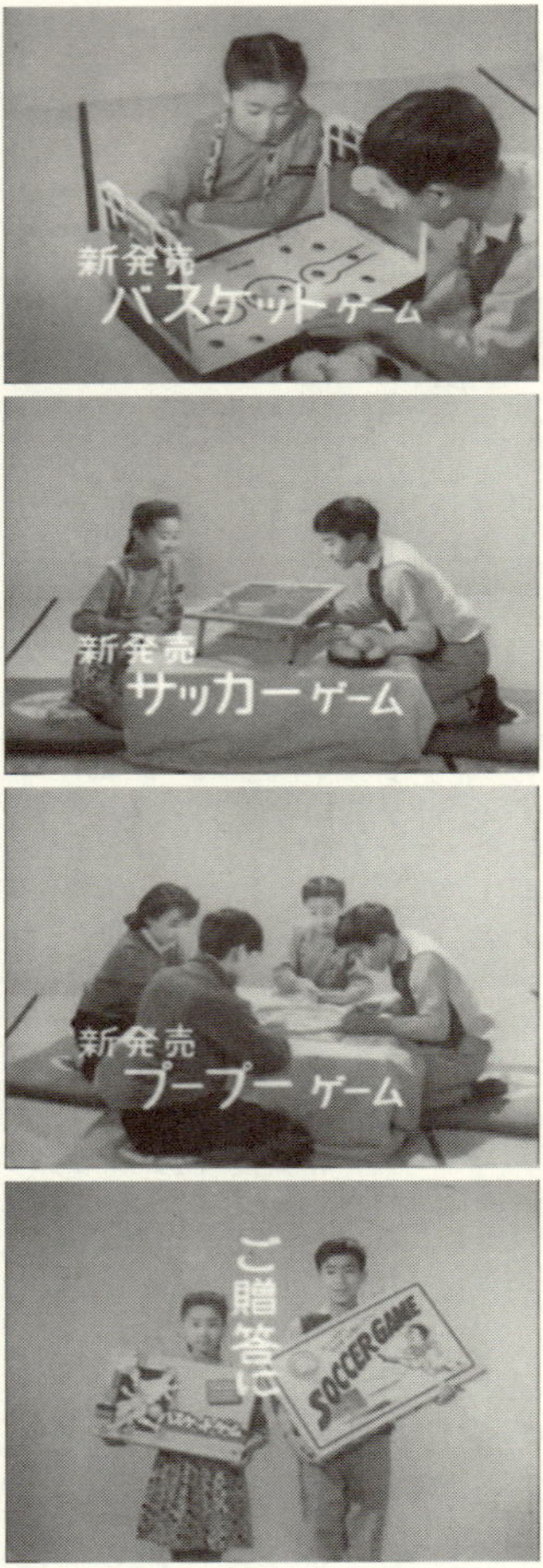

図7・4　萬代屋「ビーシー印ゲーム」（1958年）

業界誌『東京玩具商報』によると、もっとも高いサッカーゲームが千三百円、ラジコンほどではないが高級玩具だ。テレビでＣＭが流れるようなおもちゃは、基本、スネ夫クラスの子どもが買ってもらうものだったのだろう。４コマ目でゲームを抱えてほほえむ兄妹はおそらくお金持ちの子だ。

一九五七年までの『東京玩具商報』を読んでいくと、男の子はブリキの車や銀玉鉄砲、女の子はお人形やゴムまりなどが中心で、このＣＭに出てくるようなボードゲーム類はまったく出てこない。一九五八年にようやくエポック社の野球盤とバンダイのこれらのボードゲームが掲載されるので、日本でほぼ最初の本格的なボードゲームとみてよいだろう。

ファミコン以前――任天堂のおもちゃ

つづいて任天堂である。任天堂は一八八九年に花札製造業として京都で誕生、その後も長く花札、かるた、トランプといったカードゲームの製造をメインにしていた。社名もかるたを意味する骨牌を冠した「任天堂骨牌」であった。

図７・５（172ページ）はカード専業時代の貴重なＣＭ「ナップカード」（一九五六年、三十秒）。任天堂は日本で初めてプラスチック製トランプの開発に成功していて、ＣＭでは

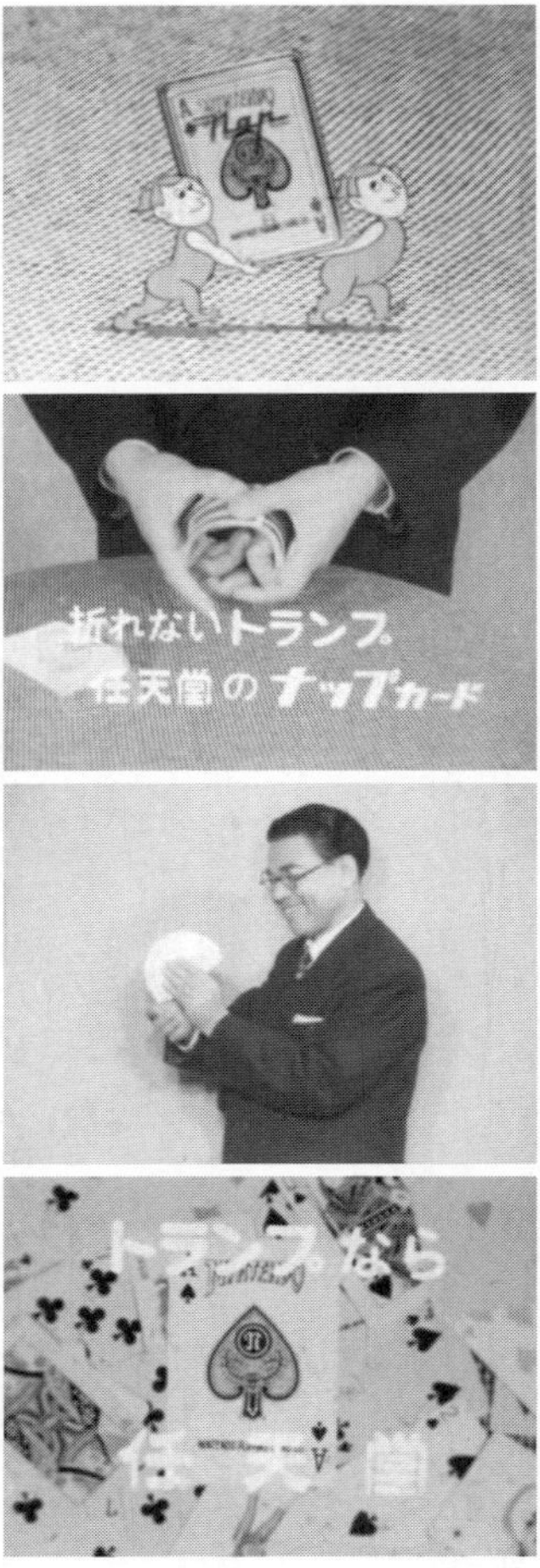

図7・5　任天堂骨牌「ナップカード」（1956年）

プラスチック製品はすべりがよくて折れないとアピールしている。出演しているのは関西の手品師と思われるが詳細は不明（分かる方いらっしゃったらお手紙ください）。

一九六〇年代に入ると、任天堂は他の玩具会社と同様に幅広くおもちゃを作るようになる。その後のCMの数々は山崎功『任天堂コンプリートガイド-玩具編-』（二〇一五年）にいくつも画像付きで掲載されているのでそちらも参照してほしい。ここでは同書に掲載されていないものをふたつ紹介したい。

図7・6は「タイムボーン」（一九六五年、二十秒）。ダイナマイト型の遊具で、ダイヤル

図7・6　任天堂「タイムボーン」（1965年）

をセットするとカウントダウン状態になり、一定の時間がたつと爆発音がする。これを渡しながらしりとりなどをやるとスリル倍増である。この商品に関する情報を調べてもまったく出てこないのだが、任天堂に問い合わせたところ販売した事実はあるとのこと。それ以上はよく分かっていない。

図7・7（174ページ）は「ドライブ・ゲーム」（一九六六年、三十秒）。電動で地面がスクロールしてクネクネ道が現れるので、コースアウトしないようにうまくハンドルを操作していくゲーム。コースを大きく外れるとブザーが鳴る。また、ギアを変えることでスピード

チェンジができた。三千八百円とややお高い。

任天堂はその後、「美容と健康に」をキャッチフレーズにした「ツイスターゲーム」（一九六六年）、ピンポン球をプラスチックバットで打ち返す「ウルトラマシン」（一九六八年）、機械の両端を握った二人の愛情度が測れる「ラブテスター」（一九六九年）など、ヒット作を次々と生み出した。そして「ゲーム&ウオッチ」の大ヒットを経て一九八三年に「ファミリーコンピュータ」の発売にいたる。その後の快進撃は説明するまでもないだろう。

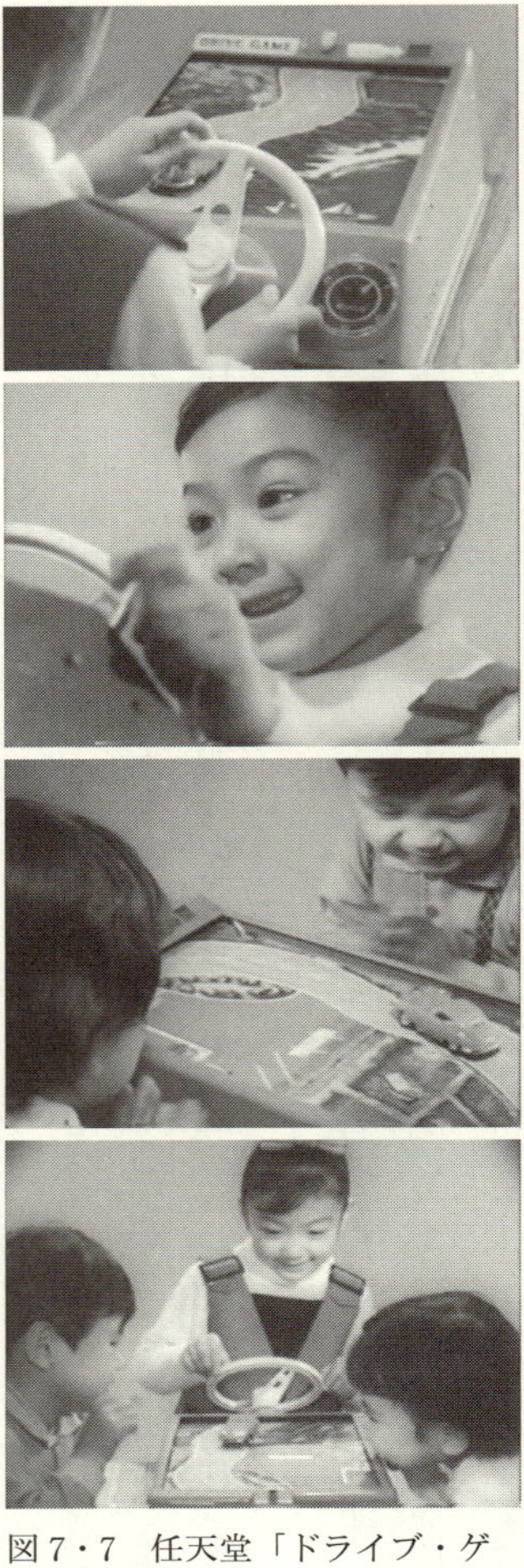

図7・7　任天堂「ドライブ・ゲーム」（1966年）

買いたくても買えなかった初期のハイテクゲーム

昭和四十年代以降は手頃な値段で多様なおもちゃを買えるようになるので、おもちゃについて個人的な記憶を持つ人が多く、ネットなどで今でもさかんに思い出が語られている。一方で昭和三十年代のおもちゃは高級品で、手にした子どもは限られていたから、詳細に思い出されることはあまりない。めんこやベーゴマ、ゴム跳びやおままごとなどが主流の中で、テクノロジーを駆使した最新玩具は雲の上の存在だった。

しかしそれらの広告は目にするから、ほしい欲求だけが肥大していく。高度成長は、ほしいものが買える喜びと、ほしいけれども買えないストレスとを同時に生み出すものだった。それは大人の世界だけでなく、子どもたちも同じだったはずだ。その反動で、いい年になってから大人買いにいそしむ人が絶えないのかもしれない。

さまざまなキャラメル

ここからはお菓子の話をしたい。甘いお菓子はいつの時代も子どもたちのあこがれだ。キャンディ、チョコレート、ガムなどいろいろあるが、現在よりもはるかに存在感の強かったお菓子にキャラメルがある。砂糖や水あめを牛乳、バター、油脂などと混ぜて煮詰めたキャラメルは、一八九九年に森永製菓の前身・森永西洋菓子製造所が販売を始めて以来、日本人に親しまれてきた。一九二二年には江崎グリコのグリコキャラメルも登場した。戦後になってチョコレートの人気が高まる中でも、キャラメルは変わらず子どもたちに愛され続けていた。

一九五九年のキャラメルCMをいくつか図7・8にあげる。①の古谷製菓は北海道の製菓会社で、ミルクキャラメルやウインターキャラメルがヒットして全国的な企業に成長した。②の池田製菓も北海道の会社。「バンビ」というブランド名で、こちらは全国展開せず北海

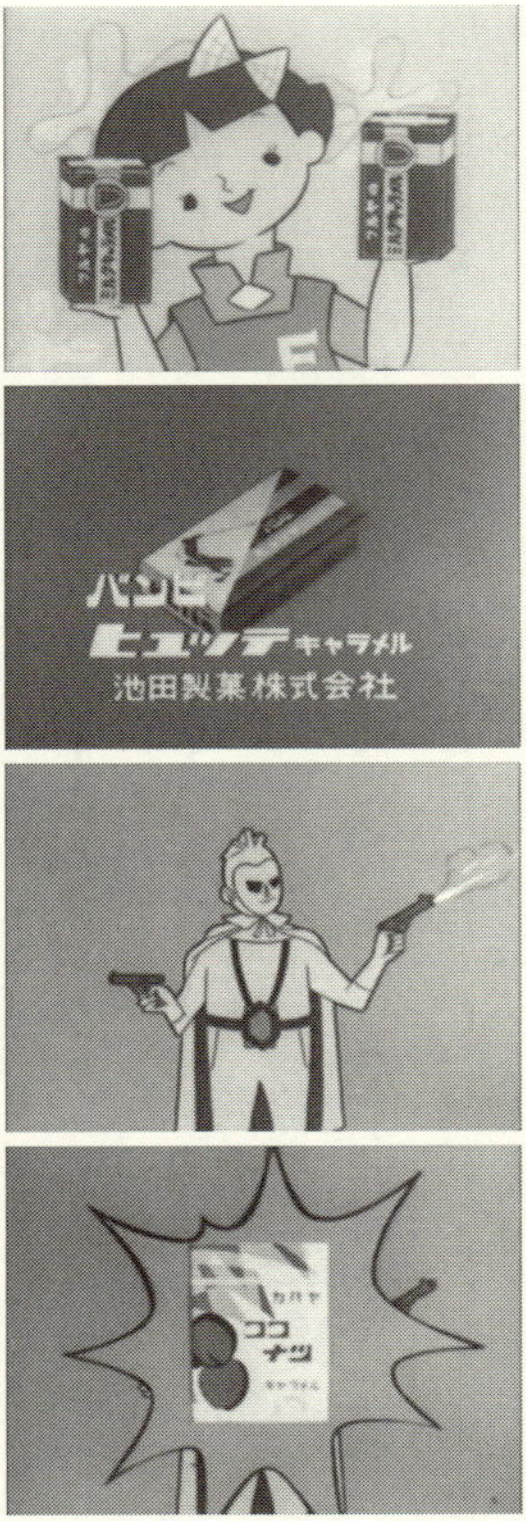

①②③④

図7・8
①古谷製菓「フルヤのキャラメル」(1959年)
②池田製菓「バンビヒュッテキャラメル」(1959年)
③④カバヤ食品「ココナツ」(1959年)

道を中心に活動していた。CMのナレーションによると、ヒュッテキャラメルは「ミルクとバター、はちみつがたっぷり入ったカロリーの高い」キャラメルだという。カロリーの高さをアピールするのは今では珍しいが、スタミナを消耗しやすい冬山にピッタリということだ。ヒュッテとはドイツ語で山小屋の意味である。古谷も池田も倒産して現存しない。

③④のカバヤ食品は一九四六年の創業。カバヤというと、若い人にはグミや「さくさくぱんだ」、四十〜五十代の人には「ジューC」の印象が強いかもしれないが、当初はキャラメルで有名な会社だった。ココナツは文字どおりココナッツの香りがするキャラメルだが、気になるのは不思議な仮面をつけて二丁拳銃をかまえるアヤしい人物だ。

これはカバヤが提供していた子ども向けヒーロー活劇「七色仮面」である。超人的な能力を持つ謎の探偵が七色仮面となって悪の組織と戦うこの番組は、一九五九年から六〇年にかけてNET系列で放送された。番組自体は実写だがCMはアニメになっている。

タイアップ商品

カバヤのように製菓会社が子ども向け番組を提供することはよくあった。有名な例には「鉄腕アトム」を提供した明治製菓、「鉄人28号」を提供した江崎グリコ、「宇宙少年ソラン」

を提供した森永製菓など。こういうケースではしばしばタイアップ商品を販売する。いくつか例を見てみよう。

図7・9はさきほどの古谷製菓が発売した「丸出だめ夫チョコレート／キャラメル／ガム」（一九六六年、六十秒）。「丸出だめ夫」は一九六四年から『週刊少年マガジン』に連載された森田拳次によるマンガで、六六年から六七年まで日本テレビ系で実写化ドラマが放送された。メガネの少年がだめ夫くんで、科学者の父が発明したできの悪いロボット「ボロット」とさまざまな騒動を巻き起こす。このように、商品名に番組タイトルをつけて、パッケ

図7・9　古谷製菓「丸出だめ夫チョコレート／キャラメル／ガム」（1966年）

ージに主人公などの絵を描き、中身は通常の商品とほぼ同じというのがタイアップ商品の基本だ。

シンドバッドスルメットを追って

図7・10はサンオー食品「シンドバッドスルメット」（一九六五年、三十秒）。スルメで作った新しいお菓子とのことで、見た感じは明らかにタイアップ商品なのだが、なかなか詳細が分からず苦労した事例である。

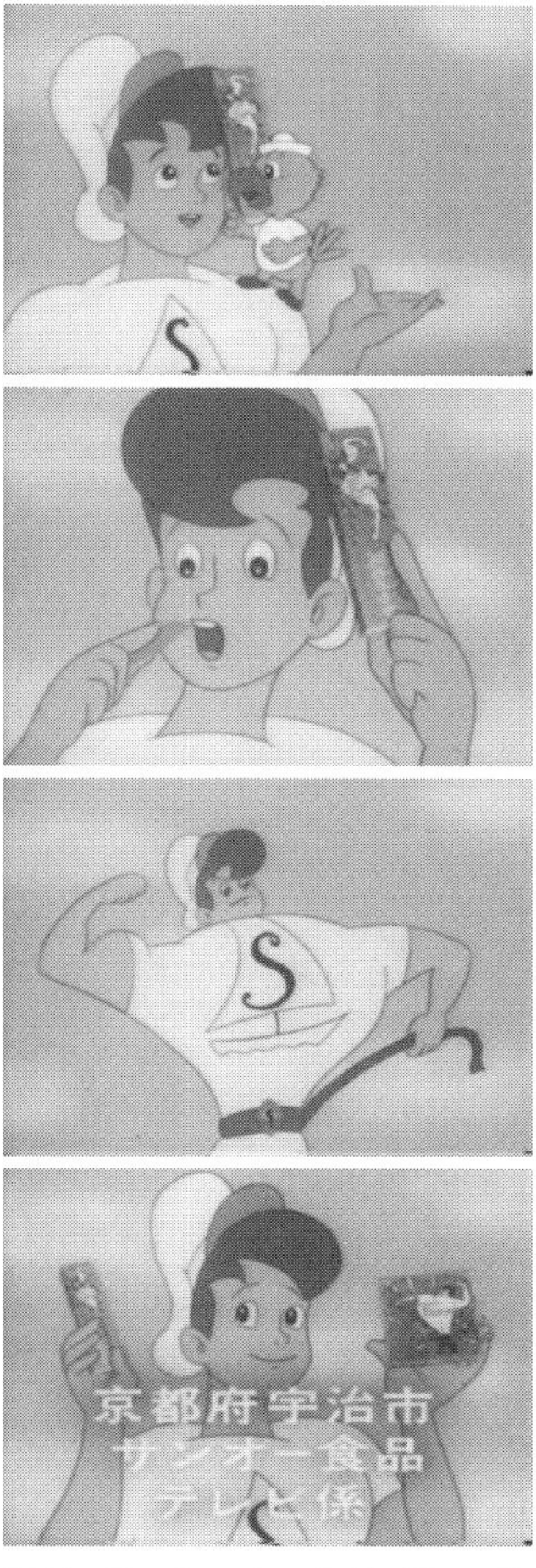

図7・10　サンオー食品「シンドバッドスルメット」（1965年）

まずはネットでシンドバッド関連を検索していくと、一九六五年九月からアメリカで放送されたハンナ・バーベラ・プロダクションのテレビアニメ“Sinbad Jr. and his Magic Belt”に絵柄がよく似ていることに気づいた（「同じ」ではなくあくまで「似ている」）。そこで、この番組の日本語吹き替え版が存在したかを調べると、一九六五年十月から六六年一月まで日本テレビ系で放送された「少年シンドバッド」がまさにそうであることが分かった。CMフィルムの納品日が一九六五年十一月十三日なので、時期的にも符合する。スルメットはこの番組とのタイアップ商品だと考えればよさそうだ。つまり「少年シンドバッド」をサンオー食品という会社が提供し、「シンドバッドスルメット」というタイアップ商品を作り、そのCMをハンナ・バーベラとよく似た絵柄で制作したということだ。

しかし、これで解決したと思ってしばらくそのままにしていたら、のちに困った事実が明らかになる。日本テレビの社史の巻末にスポンサー名つきの歴代テレビ欄が載っているのだが、そこに「少年シンドバッド」のスポンサーは任天堂と書かれているのだ。あれ、サンオー食品じゃない。

ここでいったん振り出しに戻りかけたのだが、CM内で示される懸賞の応募先が「京都府宇治市サンオー食品」で、台帳に記録されたこのCMの発注元が電通京都支社であったことから、サンオー食品は同じ京都にあった任天堂の関連会社ではないかとひらめいた。調べてみると、読売新聞一九六一年六月十七日の記事に、近江絹糸という企業が任天堂と共同出資で「三旺食品」という会社を設立したとの記述を発見した。この三旺食品がサンオー食品のことだと考えて間違いないだろう。そうであれば任天堂提供の番組内でサンオー食品のCMが流れるのは不思議ではない。というわけで、こんどこそ一件落着である。

「シンドバッドスルメット」でネットを検索しても何も出てこない。オークションに包み紙くらい出ていてもよさそうなものだが、よほどマイナーな商品だったとみられる。

レアケースのタイアップ

珍しい事例をあとふたつ紹介したい。図7・11（182ページ）は和泉製菓（現・クラシエフーズ）「ウインナなるへそチョコレート」（一九六五年、三十秒）。「なるほど」の意味で「なるへそ〜」と言うのは昭和のはやり言葉だが、その語源になったのが『週刊少年キング』（少年画報社）に連載されていた山根青鬼によるマンガ作品「なるへそくん」である。マンガ連載の段階でタイアップ商品を出すことはあまりないので、おそらく「なるへそくん」のテレビアニメ化が決まって、和泉製菓がスポンサーになってタイアップ商品を出したのだろう、

図7・11　和泉製菓「ウインナなるへそチョコレート」（1965年）

と考えたのだがどうやらそうではないようだ。

「なるへそくん」のテレビアニメはパイロット版（試験的に制作されたもの）が現存しているが、けっきょく本放送にはいたらなかったのだ。つまりこのCMはアニメ化を見越して前もって作られたが、その後けっきょく番組が作られなかったため、このCMが唯一の「なるへそくん」のアニメ化になったのである。「おへそがビビビと感じるぜ～」という本格的なテーマソングまで作っているのに、いったい何があったのだろうか。タイアップの事例としては珍しいケースだ。

図7・12は前田産業「ミルトン」(一九六五年、十五秒)。関西で育った人にはなじみ深いかもしれない乳酸菌飲料のCMで、大人気アニメの主人公「エイトマン」が登場する。昭和のアニメに詳しい人ならここで、「おや?」と不思議に感じただろう。「エイトマン」は、ふりかけなどでおなじみの丸美屋食品工業の一社提供だったからだ。エイトマンが丸美屋以外のCMに出ることはタイアップのルール上ありえない。前田産業はなぜエイトマンをCMに使えたのだろうか?

そのカラクリは簡単で、答えはこのCMの放映時期にある。「エイトマン」は一九六三年十一月七日から六四年十二月三十一日まで放送されたが、ミルトンのCMフィルムが納品さ

図7・12　前田産業「ミルトン」(1965年)

れたのは一九六五年二月二十三日、つまり丸美屋との契約が終了したか、または独占契約期間が終了したかで、他社がエイトマンを使えるようになった直後というわけだ。エイトマンが丸美屋以外のメーカーとタイアップしている映像は貴重だ。

グリコのおまけ――日光写真と世界の切手

子ども向け菓子にはしばしばおまけや懸賞がついていた。菓子のおまけでもっとも有名なのは、グリコキャラメルについていた通称「グリコのおまけ」だろう。江崎グリコがテレビアニメ「鉄人28号」を提供していた一九六三～六六年には鉄人28号とタイアップしたおまけがついていたが、そのひとつに日光写真がある。図7・13はそのCM（一九六五年、三十秒）。若い世代に日光写真の知名度がどのくらいあるか分からないが、ある時期まで子どものおもちゃとしてよく知られた存在だった。原理は簡単で、感光紙の上に不透明なものを置いてしばらく日光にさらすと、何も置いていなかった部分が感光して絵が焼き付けられるというもの。図の3コマ目に写っているように、感光紙と鉄人のネガフィルムがセットでおまけになっていて、これを重ねて日光にさらしてからフィルムをペリペリはがすと、2コマ目のように鉄人の絵が焼き付く。1コマ目で少年がカッコよく顔の前でかまえているが、別にこのようなポーズをとる必要はなくふつうに日なたに置いておけばよい。

　これの何が楽しいのかと聞かれると困るが、何もない紙に自然の力で絵が現れるのがワクワクするのである。ミカンの汁などで絵を描いてストーブに当てるあぶり出しと似たような面白さだ。

　グリコのおまけをもうひとつ。図7・14（186ページ）は「世界の切手プレゼント」（一九六四年、六十秒）。キャラメルだけでなくチョコレートや粉末ジュースなど多くのグリコ製品に世界各国の切手が入っているというもの。ときどき切手のかわりに「交換券」が入って

図7・13　江崎グリコ「鉄人28号グリコ日光写真付」（1965年）

いて、開幕を控えていた東京オリンピックの記念切手などと交換できた。また、ほしい切手をカタログの中から指定できる「とりかえ券」というのもあった。

グリコの外国切手キャンペーンはこれが二度目で、一回目は一九五七年から五八年にかけて同じように切手の封入をおこない、これがきっかけで子どもたちの間に切手ブームが起きた。ブーム後も子どもの切手趣味は下火にならずそのまま定着し、六三年にふたたび大ブームとなって、その流れで六四年に実施されたのがこのキャンペーンである。

雑誌記事やネットでの回想を拾っていくと、子どもの切手ブームは多少の波はあるが一九

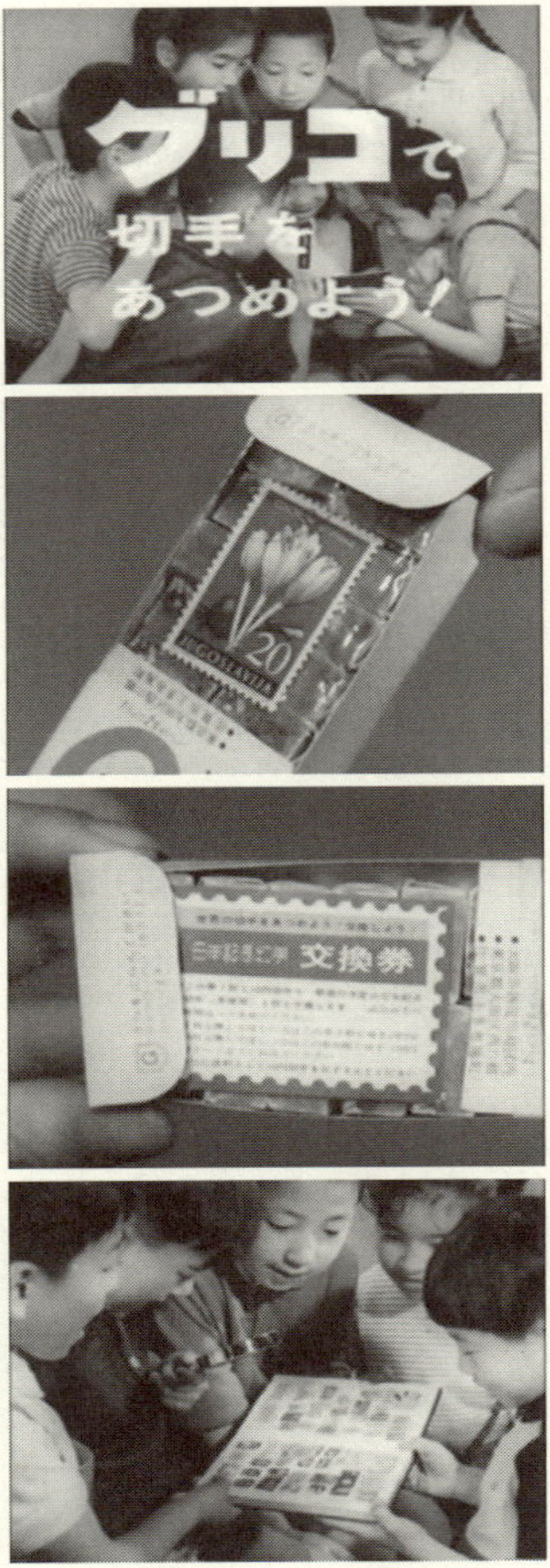

図7・14　江崎グリコ「世界の切手プレゼント」（1964年）

八〇年代初頭まで切れ目なく続いていたと思われる。私が小学校低学年のときもまだ、ストックブックと呼ばれる切手をファイリングするアルバムにいろんな切手を入れて、友だちと見せ合いっこをしていた。「見返り美人」と「月に雁」は一万円以上するとか、ブータンにはレコード型の音が出る切手があるとか、そういう豆知識も流通していた。私自身はさまざまなスポーツを描いた国民体育大会の切手が好きだった。

今では切手収集や消印収集などのいわゆる「郵趣」はすっかり地味になってしまったけれども、大きな郵便局に行くと魅力的な図柄の記念切手がたくさん並んでいて、心を動かされることがある。みなさんはどうだろうか。

野球カード入りジンタンガム

〇〇を十枚集めて送ると△△が当たるとか、××と交換できるといった懸賞・景品サービスは当時からさかんだった。図７・15（188ページ）は森下仁丹「野球カード入りジンタンガム」（一九六〇年、百四十秒）。板ガムの中にガムと同じ形状のカードが一枚入っていて、セ・リーグガムにはセ・リーグの主力選手、パ・リーグガムにはパ・リーグの主力選手の背番号と顔写真が印刷されている。セ、パは自分の意思で選べるが、どの選手のカードが入っているかは開けてみなければ分からない。

　各チーム十選手ずつのカードがあって、ひとつのチームのカード十枚をコンプリートすると「チーム賞」となり、野球のグラブ、ミット、ユニフォームのいずれかがもらえる。リーグ六チームすべてのカード六十枚をフルコンプリートすると「リーグ賞」となり、ブリヂストン高級自転車、ナショナルトランジスタラジオ、リコースーパー44カメラのどれかがもらえる。

　こうやって書くとあっさりしているが、六十種類の異なるカードを自力で引き当てるなど絶対に無理だし、十種類のチーム賞だって至難の業だ。４コマ目で少年が右にいる友達に話

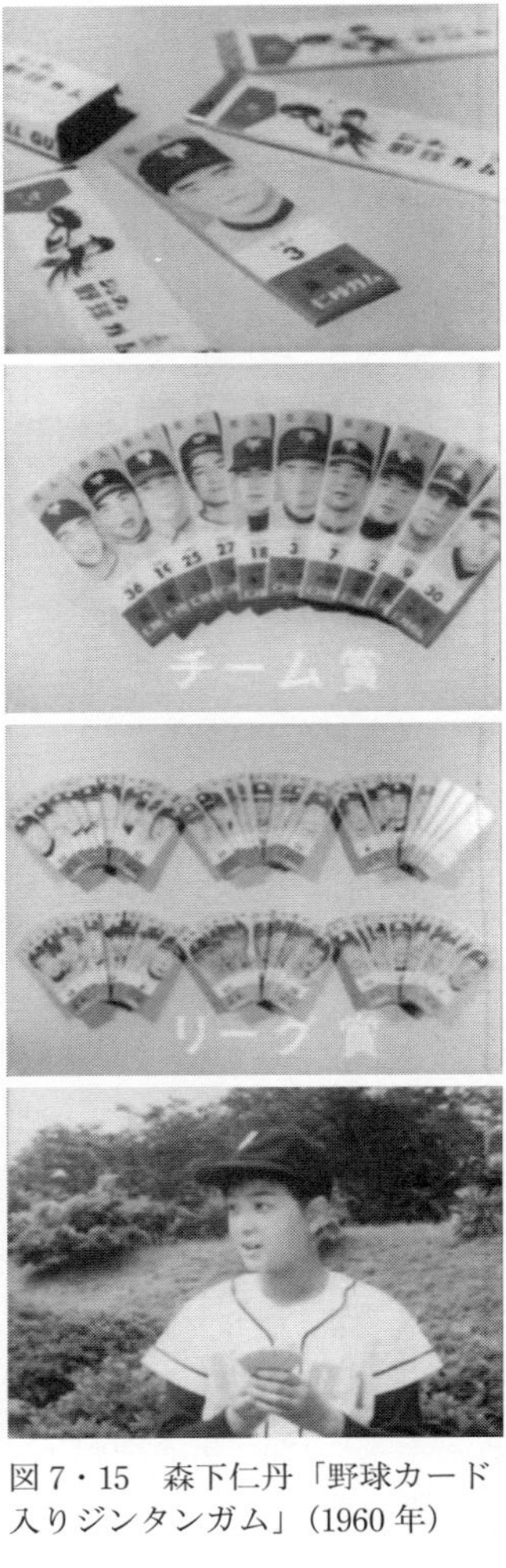

図７・15　森下仁丹「野球カード入りジンタンガム」（1960年）

しかけているが、これは交換の相談である。カード集めは交換を前提にしないと成り立たないものなのだ。とはいえ交換するには手持ちのカードがそれなりに必要で、とりあえず何でもいいからカード十枚揃えようとすると、一個十円のジンタンガムを十個、計百円かかる。小学生くらいだとこづかいをすべてつぎこんでも厳しい。私の勝手な推測だが、これをコンプできた子どもはほとんどいなくて、みんな数枚集めただけで満足していたのではないだろうか。

ところで、野球の歴史に興味のある人は各チーム十人のラインアップが気になるだろう。２コマ目にある巨人の十人が背番号を識別できるので調べてみたところ、左から国松、坂崎、土屋、森、藤田、長島、与那嶺《よなみね》、広岡、藤尾、監督の水原である。王貞治は入団二年目でこの年から一塁のレギュラーに定着したが、このCMの制作は八月なので野球カードの制作はそれより前の四～六月頃と思われ、間に合わなかったようだ。ちなみにシーズン終了後の十一月に作られたジンタンガムのCMでは、王選手のカードが新たに加わっているのを確認できる（かわりに外れたのは藤尾）。

このCMが作られた一九六〇年は大洋ホエールズ（横浜DeNAベイスターズの前身）が初優勝して、巨人は二位に終わっている。

オルガンと女の子

さっきから男の子向けのプレゼントやおまけばかりで、女の子向けはなかったのかと疑問に思う読者もいるだろう。女子向けのグッズももちろんあったのだが、数はあまり多くなく、商品もあるていど限定されていた印象を受ける。たとえばお人形プレゼントは典型的だ。図7・16は日本ビクター（現・ＪＶＣケンウッド）「ビクターオルガン」（一九六四年、三十秒）。ビクターオルガンをお買い上げのみなさまにもれなくお人形を差し上げます、とのこと。

図7・16　日本ビクター「ビクターオルガン」（1964年）

これでは男の子がオルガンを欲しがらないような気がするが、当時はジェンダーのステレオタイプが今よりも強く、男の子はわんぱくなものや科学的なものが好き、女の子は情感ゆたかなものが好き、オルガンは情感ゆたかだから女の子のもの、だからプレゼントはお人形、みたいな理屈だったのだろう。

とはいえ、男の子がオルガン業界から完全に無視されていたわけでもない。三洋電機「サンヨー電動オルガン」（一九六三年）のＣＭでは、抽選で女の子にはフランス人形、男の子には天体望遠鏡が当たるとのこと。ちゃんと男の子への配慮がなされている。もっともプレゼントの内容は思い切りステレオタイプではあるが。アーカイブには十六本のオルガンＣＭがあり、そのうち男の子が登場するのは三本だけだった。やはり鍵盤楽器は、手芸や料理のように女の子の趣味や習い事というイメージが強かったのだろう。今でもピアノの発表会では女子のほうが多いので、このような感覚は理解できる。

オルガンは、ピアノよりも安くて場所をとらない鍵盤楽器として早くから普及していた。昭和三十年代後半のＣＭに出てくるのはほぼ電気式（足踏みペダルではなくモーターで空気を送るタイプ）と考えてよい。電子オルガン（エレクトーンなど）は存在したがまだ普及していない。

総理府統計局『全国消費実態調査報告　昭和39年第8巻（解説編）』によると、ピアノの全国普及率は一九五九年が一・三%、六四年が四・六%だったのに対して、オルガンは五九年が四・七%、六四年は十六・四%と大きくピアノを上回っていた。十六・四%とは六世帯に一台の割合でオルガンがある計算になり、かなり高いと言えるだろう。オルガンは昭和三十年代の家庭においてなじみ深い教育ツールだったようだ。その後、電子オルガンや電気ピアノが出回るようになると、ピアノの代替としての電気式オルガンは少しずつ主役をしりぞいていく。

モノに囲まれて育った世代

この章では子ども向け商品のCMを取り上げてきた。CMに登場した小学生たちは現在六十五歳前後になっている。彼らは身の回りにおもちゃ、お菓子、おまけがあふれた最初の世代だった。しかも最初のテレビっ子世代でもあり、マンガ雑誌が月刊中心から週刊中心になった世代でもある。充実した子ども向けのモノ文化、メディア文化を享受した彼らは、高度成長の申し子と言うべき存在だ。

そんな彼らも還暦をすぎ、勤め人は定年を迎えているが、オタク第一世代でもある彼らは、年をとっても少年少女の心を持ち続けているように感じる。子どものまま大人になり、子どもと大人の境界線を乗り越えてきた彼らのルーツこそが、この章で取り上げたようなＣＭだったのだ。

第8章

外国と外国人

トリスを飲んでハワイへ行こう

昭和三十年代の日本人にとって海外はとても遠い場所だった。自由な海外旅行が認められていなかったからである。一般人が海外に行けたのは許可の出た仕事や留学だけだった。これが緩和されるのは一九六四年四月で、一回の総費用五百ドル以内（旅費のぞく）、かつ一年一回かぎりという条件で観光目的の海外渡航が認められた。その後、一年一回の制限は六六年に撤廃、持ち出し外貨額の制限も五百ドルから段階的に引き上げられ、七二年に撤廃された。こうして海外旅行は少しずつ日本人になじみ深いものになっていく。

規制緩和の前、海外旅行は夢のような話だった。そのころ日本人が夢見た旅行先のひとつがハワイである。ハワイは一九五九年にアメリカ五十番目の州となり、本格的な観光開発に取り組み始めて日本にも情報がたくさん入ってきた。

そんな時代の有名なキャンペーンに寿屋の「トリスを飲んでハワイへ行こう」がある。図8・1はそのCM（一九六一年、六十秒）。トリスウイスキーについている抽選券を送ると百名にハワイ旅行積立預金証書が当たり、八日間のハワイ諸島めぐりの豪華プランが立てられるという。CMではスチールギターによる軽快なハワイアンミュージックが流れ、サーフィン、フラダンス、パイナップルなどの映像がさしはさまれて南国ムードを盛り上げる。

賞品がハワイ旅行そのものではなく「旅行積立預金証書」になっているのは、このキャンペーンがおこなわれた一九六一年にはまだ海外旅行が自由化されていなかったからだ。自由化は六四年なのでだいぶ気の長い予約商品だったというわけだ。しかしこのキャンペーンは大きな反響を呼び、常夏《とこなつ》の島ハワイに対する日本人のあこがれは膨らんでいった。この時期、ハワイを取りあげた書籍や雑誌特集が目立って増えている。エルビス・プレスリー主演の映画「ブルー・ハワイ」は一九六一年、加山雄三主演の映画「ハワイの若大将」は一九六三年の公開で、いずれも話題になった。

図8・1　寿屋「トリスウイスキー」(1961年)

ハワイに限らず、テレビでの海外特集も増えていた。たとえば一九五九年には本格的な海外紀行番組「兼高《かねたか》かおる世界の旅」（KRテレビ）が始まり、翌六〇年にはNHKテレビ初の海外取材ドキュメンタリー「アフリカ大陸を行く」も始まった。外国の視覚的情報はテレビの発達とともに格段に増え、日本人は日本にいながら外国の具体的なイメージを持てるようになっていく。

西洋人にほめられたい

しかし、豊富な予算のあるテレビドキュメンタリーと比べて、テレビCMは予算に限界があり納期も厳しかったので、海外ロケをする余裕はとてもなかった。トリスのハワイの映像はそこだけ画質が悪いので、CMのために撮りおろしたのではなく既存のフィルムを転用したものだろう。昭和三十年代のCMには基本、撮りおろしの外国の映像はないと考えてよい。

その代わり、というわけではないが外国人はしばしば登場する。そのほとんどは西洋人（ひとめで分かる白人）で、商品をほめる役割が圧倒的に多い。第6章で取りあげた星崎電機のビジネスマンが典型的だ。あのような西洋人の使い方は他にもある。図8・2は日本光学工業（現・ニコン）「ニコンカメラ」（一九六〇年、六十秒）。日本から帰国するひとりの中年男性が、空港のカメラショップでニコンカメラを手に取り大変すばらしいカメラだと称賛し、友人へのプレゼントに一台買っていく。その後ひとりのスチュワーデス（キャビンアテンダントの当時の呼称）が現れ、「今の方がおっしゃったように、ニコンカメラの評判を聞くたびに、本当に誇らしく思います」と語る。

このCMが興味ぶかいのは、外国人のセリフがすべて字幕なしの英語であることだ。それもけっこうな早口。聞き取れた視聴者はほとんどいなかっただろう。「今の方がおっしゃったように」と言われましてもなんとおっしゃったのかさっぱり分かりません、といっせいに

図8・2　日本光学工業「ニコンカメラ」(1960年)

ツッコミが入りそうだ。

しかし、何を言ってるのかは分からなくても、なんとなくほめているのは画面から伝わってくる。商品を手に取りながらうなずいたり、いかにも納得の表情を見せたりするからだ。星崎電機のCMも同じような字幕なしの英語だった。ほめ言葉があまり具体的だと逆にしらじらしくなってしまうので、聞きとれない英語で漠然と伝わるくらいがちょうど良かったのかもしれない。

西洋人にほめてもらって信頼性や一流感を演出するのは、西洋コンプレックスが強かった日本人の心理をうまくついた伝統的な手法といえる。しかし、ニコンカメラのCMが作られた一九六〇年にはそれだけではない事情もあった。六〇年は貿易自由化が本格化した年で、これまで輸入制限などによって保護・育成されていた国内産業が自由競争の波にもまれることになったのである。大手企業は国際競争力の強化が切実な課題になり、西洋人に認められることがリアルな意味を持ちはじめた。

その流れの中、いち早くアメリカに販売拠点をかまえ、すでに一定の実績と評価を得ていたニコンにとって、自分たちこそが海外市場で戦ってきた先駆者だという誇りをアピールするまたとないタイミングだったのだろう。その誇りが英語に字幕をつけないという態度に表れたのかもしれない。

国際市場を狙う商品とは別に、西洋人にほめてもらう効果が高いもうひとつのジャンルに西洋由来の商品がある。ウイスキー、パン、スパゲティなどがそうだ。西洋人にほめられると本場に認められたかたちになり、一気に格が上がる。

図8・3は山崎製パン「ヤマザキパン」（一九六二年、六十秒）。このCMには、西洋人の夫婦が飛行機の機内食でサンドイッチを食べるシーンがある。夫はひとくち食べて大きくうなずき、何やら感想を述べる妻と目を合わせる。妻も批判めいた様子はなく、ふたりとも納得しているようだ。西洋由来のパンを西洋人にほめられるのは本場に認められたということで、ヤマザキパンは一流の証を手に入れる。これもまた西洋人が効果的に使われたひとつの例である。

図8・3　山崎製パン「ヤマザキパン」（1962年）

日本を愛する外国人

一方でまったく逆の西洋人の使い方も

ある。逆というのは日本由来の商品をほめてもらうパターンだ。日本文化が好きな外国人を出して親しみや好感を引き出す手法である。

図8・4は日本酒造組合中央会「清酒」（一九六四年、九十秒）。トリスなどの洋酒に押され気味だった日本酒の人気回復を狙って作られたと思われるCMだが、その中に西洋人夫婦が日本酒をたしなむシーンがある。ホテルのラウンジのようなところで味わうようにゆっくりと日本酒を飲む映像に、次のようなナレーションがついている。

（女性）「外国の人たちにもねぇ、日本のお酒はずいぶんモテてるんですって」
（男性）「うーんそうらしいね。まあ、せっかく日本へ来てさ、日本情緒にひたってもね、このお酒のうまみが分かってもらえなくちゃ残念だもんね」

ちょっと上から目線である。日本文化に親しむ西洋人というのは、どことなくぎこちなくて、たどたどしい感じがするものだ。このぎこちなさが当時の日本人を安心させた。こちらの土俵ならば自分たちのほうが上に立てるのだ。とはいえ、日本文化に対してあまりにも無知だとバカにされているようでいやなので、それなりに詳しいけれども、でもたどたどしい

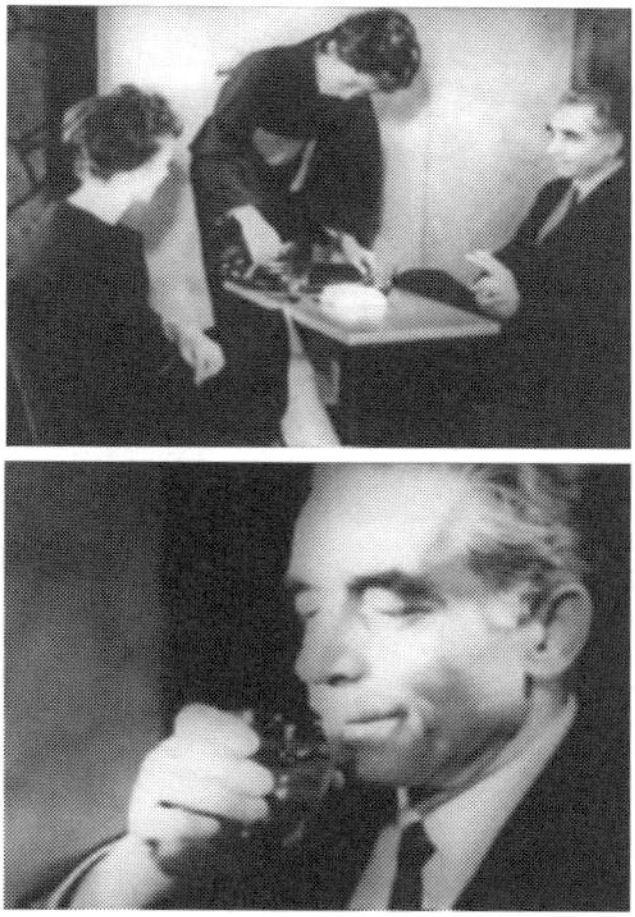

図８・４　日本酒造組合中央会「清酒」（1964年）

くらいがもっとも親しみを覚えたのではないかと思う。おそるおそる日本酒を飲む西洋人は、日本文化の理解に一歩踏み込んではいるものの、おっかなびっくりなところがちょうどいい感じで、当時の日本人の（いじわるな言い方になってしまうが）自尊心をくすぐったのではないだろうか。そんなことを感じるＣＭだ。

こうした日本人好みの外国人の典型的な存在は、おそらく日本語をしゃべる外国人である。日本語を身につけているから日本文化への愛が感じられ、好感度が上がる。それでいてつたない発音だから、親しみも感じられる。そんな日本語をしゃべる西洋人が出演するＣＭはいろいろある。図８・５（２０４ページ）にいくつか例をあげた。

リコー「ラピッドカメラ」（一九六五年、十五秒）の男性は「ヨロッパデモ、スゴイ、ニンキデスヨー」とつたない日本語で語りかける。宝酒造「宝焼酎」（一九六二年、六十秒）の女性は「オーベリーナイス、タカラショーチュー」と英語を言っているようだが、オーベリー

図8・5
（上）リコー「ラピッドカメラ」（1965年）
（中）宝酒造「宝焼酎」（1962年）
（下）久光兄弟「快腹丸」（1964年）

ナイスは日本人でも聞き取れる数少ない単語の羅列であり、タカラショーチューは完全に日本語だから、これはもう日本語をしゃべっているも同然だ。久光兄弟（現・久光製薬）「快腹丸」（一九六四年、六十秒）は便秘・肌荒れの薬で、彼女は「カイフクガン、ベリーナイスネッ」と言っている。ベリーナイスはさっきと同じ単語だ。このように分かる言葉をしゃべってくれるとグッと好感度が上がるのだ。

　無名の外国人だけでなく、E・H・エリック、イーデス・ハンソン、フランソワーズ・モレシャン、ロイ・ジェームズなど、日本の芸能界で活躍する日本語ペラペラのタレントたちがいて、彼らもさかんにＣＭに起用された。有名無名を問わず、西洋人は英語をしゃべると信頼性や本場感をにない、日本語をしゃべると安心感や親しみをになう。両面で作用する西洋人の記号性は、その後も長らく日本の広告に用いられ続けた。一九八〇年代のＣＭなんか西洋人のオンパレードである。しかし、現在も西洋人にそういう記号性があるかどうかは議論の分かれるところかもしれない。

食品のイメージキャラとして

その他の外国人（非西洋人または西洋の非白人）はどんなＣＭに登場していただろうか。あくまで私の見たかぎりだが、彼らはほぼすべて「食品のイメージキャラ」であった。中国人は中華料理のＣＭ、インド人はカレーのＣＭ、アフリカの人はチョコレートやコーヒー、トロピカルフルーツ味のガムなどのＣＭにしか出てこない。

たとえば江崎グリコのインスタントコーヒー「アラビカ」のＣＭ（一九六一年）では、アフリカの人（に扮したアフリカ系アメリカ人と思われる）がコーヒー豆を収穫して布袋に詰めて運ぶシーンが映される。森下仁丹「ジンタンスープ」のＣＭ（一九六六年）では、人気落語家・古今亭志ん朝の両隣に中国人の男性とインド人の女性が立ち、それぞれ八宝スープとカレースープを薦める役割を担う。

外国文化のベタなイメージといえば衣・食・住、そして芸術（楽器、舞踊、工芸など）だが、なかでも食文化は私たちの消費と深く結びついているので比較的想起しやすいものだろう。もちろん食以外がまず思い浮かぶ国もある。フィンランドといえばサウナ、メキシコといえばサボテンとつばの大きな帽子（ソンブレロ）とポンチョ（現在はタコスなど料理のイメージも強いが）、スイスといえばアルペンホルンとヨーデルなど。一方で中国とインドは今でこそ多様なイメージがあるけれども、当時は中華料理、インド料理の食の印象が強かっただろう。これと政治家を合わせて、中国といえば中華料理と毛沢東、インドといえばカレーとネルー、あたりが一般的な日本人の認識ではなかっただろうか。

魔術の国インドと世界大魔法団

ジンタンスープのＣＭが放送された翌年くらいから、ヒッピー文化の影響でインドにはヨガや瞑想のイメージも追加される。ビートルズが思想家マハリシ・ヨギに傾倒してインドを訪問するのは一九六八年だ。しかし子どもたちにとっては、インドといえば魔術のイメージが強かったかもしれない。

一九五四年頃から、偕成社やポプラ社などの子ども向けミステリー小説にインドの魔術師が不気味なキャラとして登場しはじめる。その後も定期的に取り上げられ、ロープがひとりでに空に伸びていき、それを登っていくと人間も消えてしまうという魔術が有名だったようだ。私が子どものころ読んだ手品の本にも書いてあった。一九六四年と六六年にはインド最高の魔術師Ｐ・Ｃ・ソーカーが来日し、子ども雑誌や週刊誌にしばしば記事が載っている。この頃までに「インド＝魔術」のイメージは完全に定着していたはずだ。インドの魔術師は大きなターバンを巻いた白装束で、彫りの深い顔で、しばしばヘンなかたちのヒゲをはやしていた。

しかし、彫りの深い顔にターバンを巻くのはインドだけでなく中東や北アフリカもそうである。一九六八年に来日して全国公演をおこなったふたつの魔法団、「アラビアン大魔法団」と「世界大魔法団」は、いずれもターバンを巻いた怪しい男たちが出てくるがインド人ではない。図８・６（２０８ページ）は後楽園アイスパレス「世界大魔法団」（一九六八年、十五秒）。このＣＭに出てくるターバンの男性は、新聞記事を読む限りおそらくアルジェリア人かトルコ人だ。

はたして、このあたりの細かい違いを当時の子どもたちはどのくらい認識できていたのだろうか。ターバンを巻いた顔の濃い人たちということで、なんとなくいっしょくたにしていたのではないかと、このＣＭを見て少し思った。

図8・6　後楽園アイスパレス
「世界大魔法団」（1968年）

アメリカ進出するＣＭ

話題を変えて、ここからは日本企業が海外向けに制作したＣＭを見ていきたい。大手企業は高度成長期に入ると積極的に海外に事業を展開していき、そこで現地用の広告を出した。それらを見ると、それぞれの企業が当時どのような対外イメージを訴求していたかがよく分かる。

アーカイブでは、現地用ＣＭは大きく「アメリカ向け」と「アジア・中南米向け」に分類され（ヨーロッパ向けは見つからなかった）、それぞれ特徴がある。後者はタイ、フィリピン、香港、中華民国（台湾）、ブラジル、パナマなど幅広い。

まずはアメリカ向けから見てみよう。図８・７の上は野田醤油（現・キッコーマン）「Kikkoman Soy Sauce」（一九五九年、二十秒）、下が総合商社の丸紅飯田の企業広告（一九六三年、八十秒）。キッコーマンのアニメは時代劇を撮影しているひとコマで、休憩時にみんなで醤油味のバーベキューを食べる。丸紅飯田はテレビＣＭなのか、ショールームなどで流したプロモーション用のフィルムなのか分からないのだが（尺が短いのでテレビＣＭだと思う

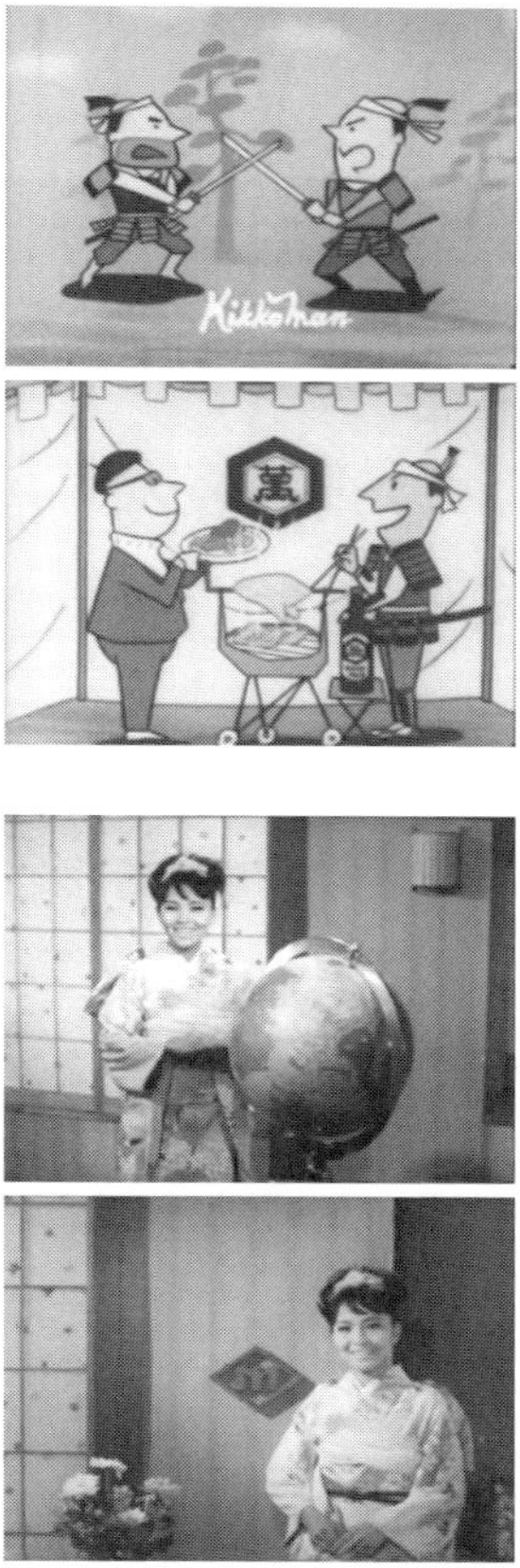

図８・７
（上）野田醤油「Kikkoman Soy Sauce」（1959 年）
（下）丸紅飯田（1963 年）

が）、着物の女性が丸紅の基本的な説明を流ちょうな英語でおこなう。

それぞれの社史によると、野田醤油は一九五七年、サンフランシスコにキッコーマン・インターナショナル社を設立して、西海岸の日系人のみならずアメリカ人全体に販路を開拓していた。丸紅飯田は一九五一年、ニューヨークに米国会社を設立し、全米各地に事業を展開していた。いずれのCMも和のイメージを重視して印象づけを狙っているのが明確だ。当時のアメリカ映画などに出てくるステレオタイプな日本人イメージにも通じるところがある。

すべての日本企業が和テイストを重視したわけではなく、たとえば精密機械のCMはできるだけアメリカのテレビになじむように作られている。図8・8は上が千代田光学精工（現・コニカミノルタ）「minolta16」（一九六〇年、三十秒）、下が双眼鏡輸出振興事業協会「BINOCULARS」（一九六〇年、二十秒）。ミノルタは一九五五年からアメリカへの輸出を本格化して、五九年にニューヨーク事務所を現地法人化。アメリカでのさらなる販売拡大をすすめているタイミングでこのCMが作られた。

双眼鏡はJETRO（日本貿易振興機構）が力を入れていた軽機械の輸出分野のひとつだった。『双眼鏡輸出振興事業10年史』（一九六九年）という詳細な報告書があり、それによるとこのCMは一九六一年の一月から三月にかけてサンフランシスコ、シカゴ、ニューヨークで計八十一回放送されたという。

メイド・イン・ジャパンの国際競争力を高めていくうえで、アメリカ市場で認められるのは念願であった。カギを握っていたのは言うまでもなく製品自体のクオリティだが、販売を強力にサポートする手段として広告宣伝も欠かせない位置を占めていた。昭和三十年代のアメリカ向けCMを見るたびに、粗悪品の代名詞といわれたメイド・イン・（オキュパイド）ジャパンを脱して、世界に認められる日本製品にしていこうという、先人たちの強い意志を感じてリスペクトを禁じえない。

図８・８
（上）千代田光学精工「minolta16」（1960年）
（下）双眼鏡輸出振興事業協会「BINOCULARS」（1960年）

先進国の顔——アジア・中南米向けCM

アメリカ向けのCMには「安くて良い品」というイメージを感じるが、アジア・中南米向けのCMには先進国・日本から来た高級品のイメージが漂っている。発展途上にあったアジア・中南米の諸国に対して、日本は優れた工業国の立場からメッセージを発しているような印象を受ける。

図8・9は上が日立製作所「日立扇風機」タイ語版（一九六〇年、九十秒）。下はライオン歯磨（現・ライオン）「ホワイトライオン」（一九六八年、三十秒）で、同一の映像に対して英語、中国語（北京語）、広東語、台湾語、タイ語の五種類のナレーション違いがある。

日立製作所は一九五八年にバンコク事務所を設立している。産業機械や発電所など「重電」と呼ばれる分野の輸出に強かった日立が、どのくらい家電製品の輸出にも力を入れていたのか分からないが、いくつかの製品をアジアで販売していた記録がある。図を見て分かるように、広々とした洋間で文化生活を楽しむ若いふたりが描かれている。タイの富裕層に向けてあこがれの文化生活を宣伝するのは、日本に限らずどの外国製品も同じだったとは思うが、日本製品もアメリカやヨーロッパの製品と肩をならべてこのような表現をしていたのは興味ぶかい。なお、タイのテレビ放送は一九五五年に始まっていて、五三年開始の日本のテレビとほぼ同じ歴史を有している。

一方のホワイトライオンだが、社史によるとライオン歯磨は一九六〇年にマレーシアに現地法人を設立して以降、香港、タイ、台湾での販売を強化したという。とりわけ主力はタバコのヤニを取る「タバコライオン」と、歯を白くするホワイトライオンだった。アーカイブに残っていた五種類の言語のうち、当時は中国（中華人民共和国）と国交がなかったので中国語圏は香港（広東語）と台湾（北京語）の2種類となるが、ホワイトライオンではこれに加えて台湾の現地語である台湾語のバージョンが作られているのが面白い。

図8・9
（上）日立製作所「日立扇風機［タイ語版］」（1960年）
（下）ライオン歯磨「ホワイトライオン［外国語版］」（1968年）

台湾語バージョンは留学生に見せても「うちの言葉ではありません」と言われるばかりで、長らく不明言語扱いになっていたのだが、ある授業で中国文学を学ぶ大学院生から台湾語ではないかとの指摘があり、さっそく台湾人の知り合いに確認してもらったところ間違いないという。台湾語は公用語ではないが、現在でもときどきCMで使われるとのことで、ホワイトライオンのCMに台湾語を使うのも自然なことだったと考えられる。

もうひとつ、長らく不明のままになっていた言語があったが、国際交流基金の方々のご協力で本書の完成直前にタイ語と判明した。この場を借りて厚く御礼を申し上げたい。

もうひとつの「外国」——沖縄向けCM

当時の日本にはとても身近な「外国」があった。沖縄である。一九七二年五月十五日に日本に返還されるまで、沖縄はアメリカの統治下にあった。

一九五九年十一月、沖縄初のテレビ局・沖縄テレビ放送が開局、翌六〇年には五四年からラジオ放送をおこなっていた琉球放送もテレビ放送を開始した。両テレビ局は本土の各民放局およびNHKとネットワークを結び、本土のさまざまな番組を放送した。CMについても本土と同じ商品は本土のフィルムをそのまま用いたようだが、その場合ひとつの問題があった。値段の表記である。

当時は正価販売が基本のため業種を問わず広告で価格を明記することが多かったが、沖縄は円ではなくドル建てだったのでその部分だけ差し替える必要があった。琉球放送の社史を読むと、本土用のフィルムを流すときは値段の部分をワイプしてドル値を書いたフリップを挿入していたようだが、広告主によっては沖縄専用のフィルムを作り直してくれるところもあった。

図８・10はロッテ「テープレコーダープレゼント」（一九六四年、三十秒）。下が本土用のオリジナルフィルムで、上が沖縄用に作り直したもの。ロッテのガムかチョコ百円分の包み

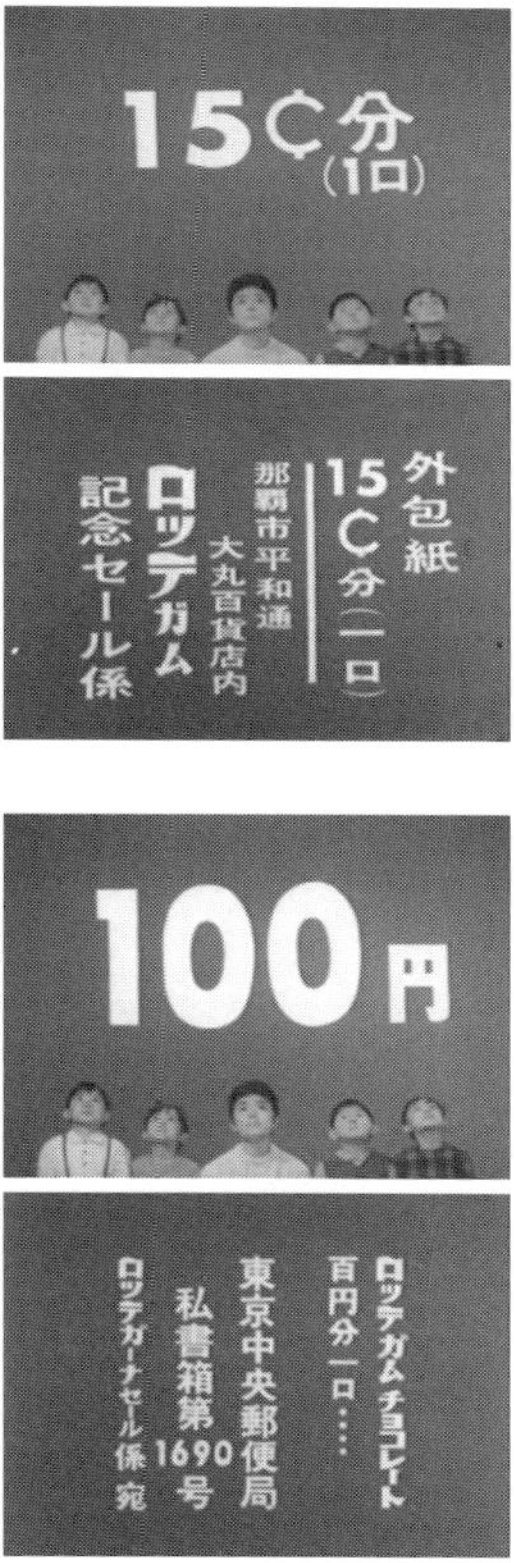

図８・10
（上）ロッテ「テープレコーダープレゼント［沖縄版］」（1964年）
（下）ロッテ「テープレコーダープレゼント［国内版］」（1964年）

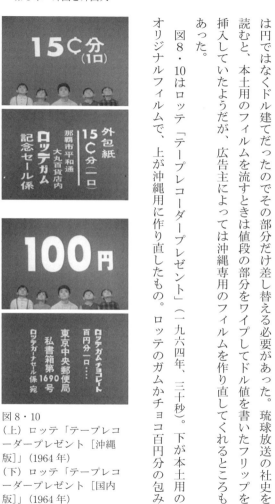

紙を送ると抽選でテープレコーダーが当たるというキャンペーンだが、百円のところが沖縄版では十五セントに差し替えられている（表示だけでなくナレーションも言い換えている）。また、沖縄ではロッテチョコが売られていなかったのか、本土版ではガムとチョコが対象だったのに沖縄版ではガムのみが対象になっている。ここまで違うとフィルムを作り直さなければいけなかったのだろう。

　沖縄向けＣＭの業種は多岐にわたる。図８・11にいくつか例をあげた。花王石鹸（現・花王）「ブルーワンダフル」（一九五九年、六十秒）は沖縄テレビが開局して間もない頃のＣＭ。「本島価格」とは沖縄本島での値段という意味で、輸送に手間のかかる離島価格は別である。

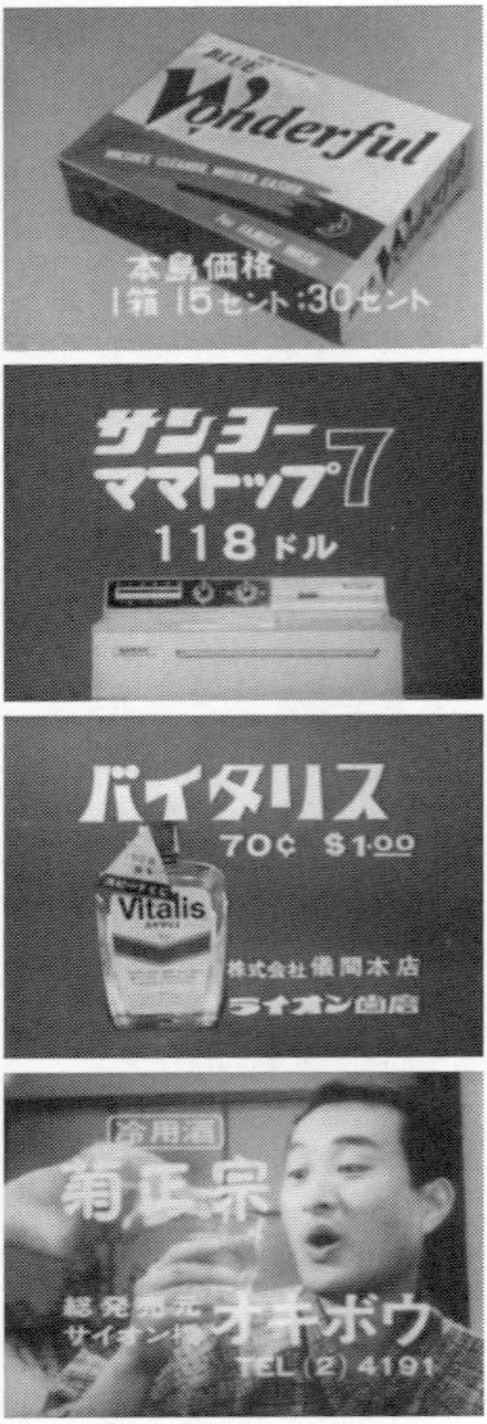

図８・11
(1) 花王石鹸「ブルーワンダフル」(1959年)
(2) 三洋電機「サンヨーママトップ」(1964年)
(3) ライオン歯磨「バイタリス」(1966年)
(4) 菊正宗酒造「菊正宗」(1968年)

三洋電機「サンヨーママトップ」（一九六四年、六十秒）は表示はドルになっているがナレーションは「二万九千八百円」で直っていない。このまま放送したのかもしれない。ライオン歯磨「バイタリス」（一九六六年、三十秒）には沖縄での販売代理店である儀間本店が併記されている。このパターンはよくあり、最後の菊正宗酒造「菊正宗」（一九六八年、三十秒）の「オキボウ」もそうだ。

アメリカ統治下の沖縄のモノ文化やメディア文化がどのようであったかは、沖縄出身者でなければなかなか想像できないだろう。とりわけ、本土の商品や情報がどのくらい沖縄に入っていたのかは分かりにくい。こうしたＣＭが保存されることで、当時の雰囲気が少しでも現代の私たちに伝わればよいと願っている。

第9章

こんな映像もありました――お宝アラカルト

この章では、まだ紹介していないＣＭのうちとくに珍しいもの、資料価値の高いもの、そして個人的におすすめなものをランダムに取りあげていきたい。ひとつひとつがとびきりのお宝である。

現存最古の政党ＣＭ

図９・１は一九六〇年の自由民主党のＣＭ（三十秒）。アニメで描かれた人びとがテープの早回しのような高い声でぺちゃくちゃと何かをしゃべっている。そこに切り抜きの池田勇

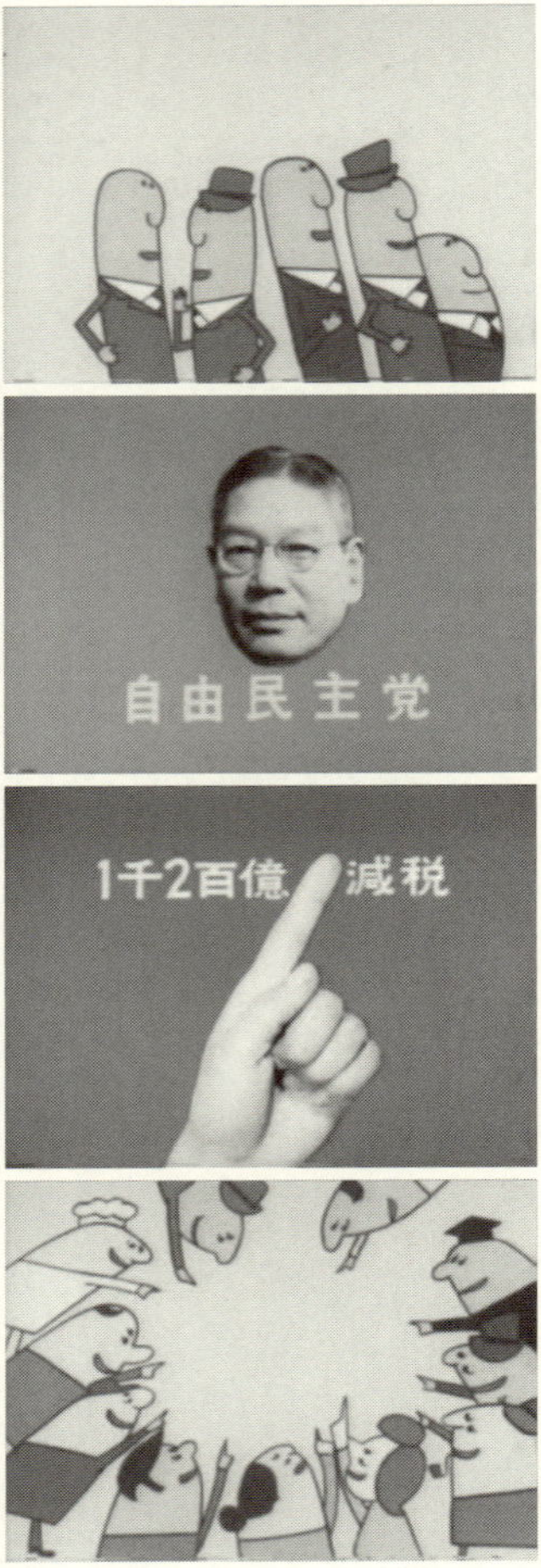

図９・１　自由民主党（1960年）

人首相の顔が現れ、「みなさまのご希望にお応えするのが自由民主党です」とナレーションが入る。人差し指の画面に切り替わり、「わが党は一千二百億円の減税を断行します」。ふたたびぺちゃくちゃアニメが出てきて最後のナレーションは「約束を必ず実行する自由民主党」。

フィルムの納品日は一九六〇年十一月九日。同年十一月二十日に実施された第二十九回衆議院議員総選挙のために作られたテレビＣＭである。同じ日に納品された自民党のＣＭがあと三本あり（図９・２）、計四種類をランダムに流したと考えられる。

この選挙は政党が初めてテレビＣＭを使ったことで知られている。しかし、人びとに記憶

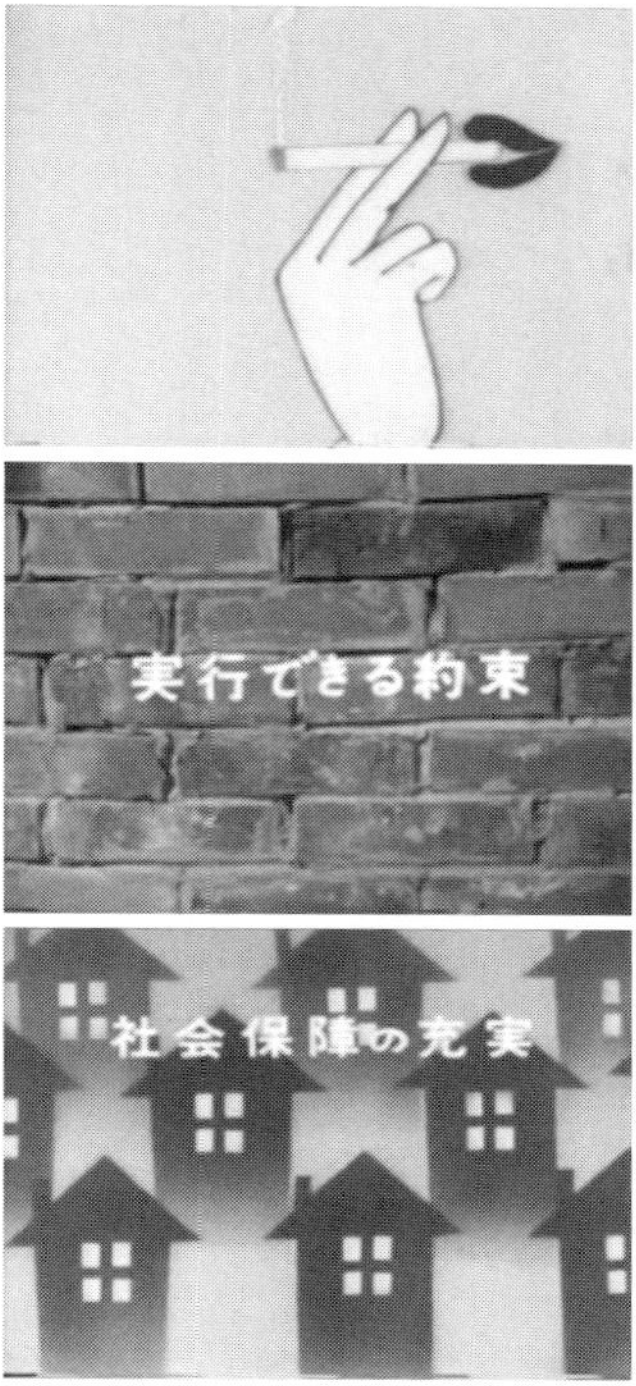

図９・２　自由民主党（別バージョン３種）

されているのはいま紹介したＣＭたちではなく、池田首相が机を前に座り、短い演説をしたあと最後に、「私はウソは申しません」と言うＣＭである。このセリフは流行語になり、一九六〇年の世相を振り返るときよく取り上げられる。

つまり、この選挙のために自民党が制作したＣＭは全部で五本あって、うち一本だけが飛びぬけて有名で、あと四本無名なバージョンが存在したということだ。

『週刊読売』一九六〇年十一月二十七日号によると、「私はウソは」のＣＭは十一月十日から選挙前日の十九日まで、毎日何度も流されたという。一方で無名ＣＭの納品日は十一月九日だから、こちらも流されたのは十日以降。同じ期間に並行して流されていたことになる。ところが、無名な四本のバージョンについては新聞、雑誌を探してもまったく記述が見つからない。「私はウソは」のインパクトが強すぎてすっかり陰に隠れてしまったのだろうか。出稿量も「私はウソは」と比べてだいぶ少なかったのかもしれない。

しかし、フィルムが残っていたのは無名な四本のほうである。「私はウソは」のフィルムは残念ながら失われてしまった。元電通常務の故・内藤俊夫氏から聞いた話によると、「私はウソは」のフィルムは制作した電通映画社にプリントが一本だけ保管されていたが、一九六三年、あるテレビ局の特番に貸し出したところ放送後あやまって廃棄されてしまったという。このとき、日本のテレビCM第一号「精工舎・正午の時報」(日本テレビ開局日に流されたCM)も失われた。そんなわけで、日本最古の政党CMのうちもっとも有名な一本が失われ、無名な四本はその姿をとどめることになったのだ。

ライバルの社会党と民社党はCMを作らなかったが、その代わり民社党は党首インタビューの特別番組を制作・放送している(自民党も同じような番組を放送した)。また、自民・社会・民社の三党首討論が十一月十二日にラジオ・テレビ放送された(共産党は不参加)。この総選挙はさながらテレビ選挙の様相を呈した。同じ年の九・十月、アメリカ大統領選に際してケネディとニクソンがテレビ討論をおこなったことが日本でも話題になっていて、その影響もあったと思われる。ちなみに公職選挙法に基づく政見放送がラジオからテレビに広げられたのはもう少し後で、一九六九年のことだ。

マスコミを有効に活用する広告代理店、それは電通

図9・3(224ページ)は電通の企業広告(一九六〇年、三十秒)。金管の鳴り響く勇ましい管弦楽をBGMに、緊張感のある高い声の男性ナレーションが次のように訴える。

「現在は大量生産そして大量販売の時代です。大量販売の最も効果的な方法はマスコミによ

る広告です。新聞、雑誌、ラジオ、テレビなどマスコミを有効に活用する広告代理店、それは電通。六十年の歴史を誇る電通です！」

図9・3　電通（1960年）

いかにも夜討ち朝駆けのモーレツな仕事ぶりで知られた電通らしい、プロパガンダ・フィルムと見まごうような勢いのあるＣＭだ。一九〇一年に創業し、広告代理業兼通信社として発展した電通は、戦後、第四代社長・吉田秀雄のもとでさらに成長し、日本最大の広告会社としての地位を確かなものにしていた。そんな大企業の電通だが、一般消費者向けの商売ではないこともあり、今も昔も自分自身の広告宣伝活動は派手にやらない傾向がある。これは電通に限らず広告代理店全般に言えることだ。代理店のCMはとても珍しいので、はじめてこの映像に出会ったときはかなり驚いた。

おそらくこのCMは派手に流すつもりで作ったわけではないと思う。当時のテレビビジネスの慣習から推測すると、このCMを作った目的として考えられる可能性はふたつある。ひとつは、急にCM枠に穴があいたとき代わりに出稿する予備の素材、いわゆる埋め草（フィラー）の可能性である。現在のテレビではおもに公共広告機構（AC）や番組宣伝が担っている役割だ。当時はそういう素材がなかったので、とりあえずストックしておいた代理店のCMを入れて手当てしたということが考えられる。

もうひとつは、こちらのほうが有力だと思っているが「ガイド番組」の前後に入れた可能性だ。ガイド番組（案内番組やテレビガイドとも言う）とは、正午前や夕方などの時間帯に五分ていど設けられた、CMだけを連続して流す時間帯のこと。地方局では一九八〇年代まで見られたもので、「お知らせ」や「デイリースポット」などのタイトルがちゃんとついていて、単なるCMの羅列ではなくれっきとした番組である。ローカル広告主を中心にひたすらCMが続き、最後に「お知らせ　終」などエンディングタイトルが出る。

こうしたガイド番組はCMを集めてくる広告代理店がいて企画を担当していたが、番組の最後に自分自身のCMを入れることがあったようだ。電通のCMもそのパターンで、自ら企画したガイド番組の最後に入れる目的で作られた可能性がある。であれば、比較的目立たない場所で一日一回、ひっそりと流れていたものだ。何が正解か真相は分かりそうにないが、いずれにせよとてもレアな発掘物である。

現役時代の川上哲治

図9・4は吉木産業「キングトリスガム」(一九五六年、三十秒)。「打撃の神様」と呼ばれた巨人軍の四番打者、川上哲治《てつはる》が現役時代に出演していたガムのCMである。このレベルになってくるとマニアックすぎて何がどうお宝なのか伝わりにくいだろうから、ていねいに説明したい。

川上哲治(一九二〇―二〇一三)は一九六一年から七四年まで巨人の監督をつとめ、九年連続日本一の偉業をなしとげた。そのときはもうテレビがじゅうぶん普及していたので、ほとんどの日本人は監督としての川上を何度となく見ているし、映像も大量に残っている。しかし選手としての川上は一九五八年に引退しているから、映像がほとんど残っていないのだ。わずかに出回っている映像はおそらくニュース映画の一部と思われる試合中の様子で、CM

は私の知るかぎりこれが初出である。

ＣＭの中身はちょっと不思議なストーリーだ。空振りをする川上。すると噛んでいたガムを口から出してバットの芯にペタリと貼り付ける（ちょっとバッチい）。そしてもう一度バットを振るとこんどは場外ホームラン。何を伝えたいのかよく分からないのだが、ホームラン級においしい、みたいなことだろうか。おそらく川上が出ていれば何でもよかったのだと思う。

吉木産業は東京・上野に社屋をかまえる中小企業だった。終戦後まもなく創業したと思われ、昭和四十年代までは活動を確認できる（倒産などの記録がないのでその後どうなったかは

図９・４　吉木産業「キングトリスガム」（1956年）

分からない）。このＣＭを制作した当時、吉木産業は読売新聞のスポーツ面の記事中によく小さな広告を出していたので、社長がジャイアンツファンだったのかもしれない。川上にＣＭ出演を依頼してＯＫをもらえたのだから、直接の交流があった可能性もあるだろう。

キングトリスガムは関東各地にホーロー看板が残っていて、マニアにはよく知られた存在だ。また、一九五七年にＫＲテレビで放送された紙人形劇「鉄腕アトム」のスポンサーだったという記録も残っている。広告宣伝に積極的な企業だった。

伊勢丹とローン・レンジャーの関係

図９・５は伊勢丹「ティーンのコート」（一九五八年、百二十五秒）。東京を代表する百貨店・新宿伊勢丹のおすすめ商品を紹介するＣＭである。アーカイブには一九五八年から六八年にかけて制作された伊勢丹のＣＭ百二十八本が収録されていて、「ティーンのリゾートウエア」「秋のカジュアルウエア」「世界の子供服」「アメリカンボーグパターン」など毎回テーマを決めて最先端のファッションを見せてくれる。

興味ぶかいのはこれらのフィルムのほとんどに音が入っていないことだ。おそらく、アナウンサーが生でナレーションをあてたと思われる。生だと天気や気温などその日の話題を織り込めて親しみやすさが増すし、売り切れ情報や追加商品の情報など最新の状況に臨機応変に対応できる。フィルムCMと生CMを合体させたようなかたちだ。

ただし初期のものにはいくつか音が入っていて、図の「ティーンのコート」もナレーションがついている数少ない映像である。たとえば3コマ目では、「赤とグレーのチェック。生地はモヘアで裾広がりのトラペーズ型。お値段は六千円」といった感じだ。トラペーズ・ラインはこの年にイヴ・サンローランが発表したもの。三年前にクリスチャン・ディオールが提案して話題になったAラインを応用したようなスタイルで、まさしく最先端ファッション

図9・5　伊勢丹「ティーンのコート」(1958年)

である。さすが伊勢丹。

アーカイブに残された伊勢丹CMのうち、一九五八年八月から六一年三月までの二年半に制作された四十九本は、ある番組を一社提供して冒頭に流していたものだ。その番組とは「ローン・レンジャー」である。ローン・レンジャー（The Lone Ranger）はアメリカの西部劇で、一九三三年からラジオドラマが始まり大ヒットした。一九四九年からテレビドラマ化され、伊勢丹が提供したのはその日本語吹き替え版である。一九五八年八月二日から五九年八月十五日までKRテレビで五十三回放送され、その後五九年九月七日から六一年三月十三日までフジテレビで七十八回放送された。この期間の提供が伊勢丹だった。その後も提供をカバヤに代えて番組は続いた。

ローン・レンジャーといえば、さっそうと白馬にまたがって荒野をかけめぐる仮面のヒーローである。撃ち合いのシーンもある。子どもたちが大好きなカッコいい西部劇だ。そんなヒーロー活劇の冒頭に「奥さまのリビングウェア」とか「水着１９５９」とかのＣＭが入るのは合ってないような気がしないでもない。伊勢丹のあとカバヤがスポンサーになったことからも分かるように、この番組は子ども人気が高かったわけで、お姉さんがキレイな服を着てひたすらポーズをとるだけの映像を見せられて、早くローン・レンジャーが見たくてしょうがない子どもたちはどうしていたのだろうか。

ダンディな男は狩りに出かけた

図9・6は川口屋林銃砲火薬店「猟銃・装弾」（一九六四年、十五秒）。「猟期です」というナレーションとともにズドーン！　ズドーン！　と銃声が鳴り響く。

いまでも趣味として猟を楽しむ人はたくさんいるが、どちらかといえばマイナーな存在であるように思う。しかし昔は趣味としての鳥撃ちや鹿狩りがもう少し身近だった。「サザエさ

図9・6　川口屋林銃砲火薬店
「猟銃・装弾」（1964年）

ん」では波平もしばしば鳥撃ちに出かけている。朝日新聞の連載マンガで父が猟銃を持って出かけるのだから、少なくとも中年男性にありがちな趣味だと思われていたのは間違いない。

一方、ハンティングにはもうひとつのイメージがあった。それはダンディズムである。暖炉の前でガウンを着てロッキングチェアを揺らし、パイプをくゆらせ、ウイスキーをちびちびやりながら猟銃の手入れをするひとりの男性。壁には三年前に仕留めた鹿の頭の剥製が飾られている。そんなベタすぎるシチュエーションが、当時はわりとリアルなものとして受容されていた。

図は省略するが、ライオン歯磨の整髪料「バイタリス」(一九六八年、三十秒)では、市川染五郎(現・松本白鸚)が猟銃を手に岩場を駆け下り、激流を渡り、草むらを進み、獲物に向かって照準をあわせる。BGMは男声コーラスで「バイタリ〜ス、おとこ〜」と直球だ。一九七四年には、フランスの俳優アラン・ドロンが沼地をはいずりまわって鳥を狙うレナウンのCMが話題を呼んだ。整髪料や紳士服のCMはダンディズムを訴求する。男とは何か。そこに猟銃があった。狩りには最高のダンディズムが宿っていたのである。

ガリガリの恐怖はもうありません――歯科治療器具のＣＭ

図９・７は吉田製作所「エアロマット」（一九六一年、三十秒）。チュイーンと歯を削るあの機械である。「一分間三十五万回転の超高速で、痛みも少なく、治療時間も今までの十分の一で済みます」とのこと。

吉田製作所は一九〇六年創業の老舗で、国内歯科治療器具メーカーでは最大手のひとつだ。エアロマットは一九五八年の発売。従来のモーター式の削り機より回転数が格段に多いエア

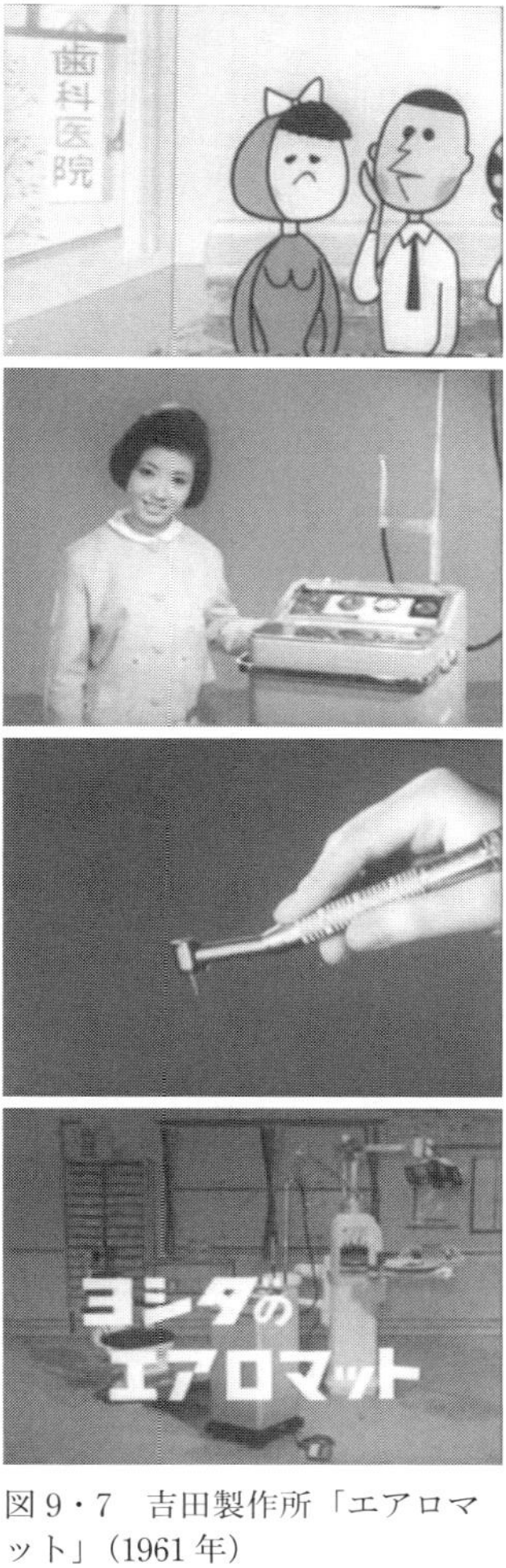

図９・７　吉田製作所「エアロマット」（1961年）

タービン式を用いた、国産初の製品だった。社史によるとただちに他社が追随してエアタービン時代が到来したという。

それにしても、こんな専門性の高い製品のCMを出して効果はあったのだろうかと不思議だが、調べてみるとどうやらCMを出すべき特別な背景があったようだ。

このCMフィルムが納品されたのは一九六一年四月二十一日。社史によると直後の五月に販売部門が吉田製作所から独立して「吉田販売株式会社」が設立している。おそらくこれが関係している。つまり、新しい販売戦略の第一弾としてテレビCMを作ったのだ。これに加えて、第5章でも述べたように当時はテレビCMを出すことに成功の象徴のような意味合いがあったので、新会社設立の記念に出した側面もあっただろう。

それから半世紀がすぎ、吉田製作所は今もなお歯科治療器具の国内最大手として活躍をつづけている。

さまざまなローカルCM

初期のローカルCMにも珍しいものがたくさんある。図9・8(上)は青柳「青柳ういろう」(一九五六年、三十秒)。一九五六年十二月一日、日本で三番目の民放テレビとして開局した中部日本放送テレビジョンに出稿されたものである。納品日は十二月八日で、まさに開局直後に流された貴重なフィルムだ。中京圏で育った人にとって、青柳ういろうのＣＭといえば「しろくろまっちゃ、あがりコーヒーゆずさくら」のコマーシャルソングでおなじみだと思うが、テレビＣＭ第一作ではまだ使われていない。

図９・８（下）は大阪にあった中華料理店「蓬莱」（一九五八年、三十秒）。蓬莱は一九六四年に創業者の三人がそれぞれ株式会社蓬莱（５５１蓬莱）、蓬莱本館、蓬莱別館の三社を立ち上げてのれん分けするが、それより前の蓬莱がひとつだった頃のＣＭである。豚まんの持ち帰りで全国的に有名な蓬莱だが、当時から人気の高い店だったようだ。コマーシャルソング

図９・８
（上）青柳「青柳ういろう」（1956 年）
（下）蓬莱（1958 年）

の歌詞に「ブーラブラ心ブラ、楽しい心ブラ、戎橋から難波へブラリ」という一節がある。「心ブラ」とは心斎橋をブラブラするという意味で、東京でいう銀ブラ（銀座をブラブラ）と同じような昔からある言葉だ。

地元で名物だった店は、地元に新しくテレビ局ができると真っ先にスポンサーに名乗りをあげてCMを出した。第3章で取り上げたオリエンタル中村のように、その後残念ながら営業を終了したところもあれば、青柳や蓬莱のように今なお老舗として存在感を放っているところもある。明暗は分かれたが、新しいメディアであるテレビに積極的に投資しようとした心意気は同じだったに違いない。

CMではない映像の保存

映像制作会社の倉庫に保管されていたフィルムはすべてがCMではない。彼らが受注した仕事には少ないながらもCM以外のテレビ仕事が含まれている。ここからは、そんな非CMの保管物をいくつか紹介していきたい。先にラインアップを言っておくと、（1）番組のオープニングタイトル、（2）放送終了後のクロージング映像、（3）番宣（番組宣伝）、（4）フィラー、（5）天気予報の背景映像、（6）年越しカウントダウン用の時計大写し。いずれも、番組でもなくCMでもない、いわばテレビの「第三領域」とも言うべきすき間コンテンツたちだ。

テレビアーカイブには番組保存とCM保存というふたつの文脈があるが、そのいずれからも盲点になっているのが第三領域である。とてもマニアックな話で、読者のみなさんに楽しく読んでもらえるかあまり自信がないが、第三領域もれっきとしたテレビコンテンツであり、その保存にはじゅうぶん意義があると考えて、あえて紙幅をさいてテレビアーカイブの最深部を紹介していきたい。

まずは番組のオープニングタイトルから。テーマソングが流れて、番組名がドーンと出て、出演者が順番に紹介されたりする映像である。番組の冒頭で毎回使われるオープニングタイトルは、映像制作会社の大切な仕事のひとつだった。

図9・9（238ページ）は武田薬品工業提供「ポンポコ物語」のオープニングタイトル（一九五七年、四十五秒）。人間に生まれ変わった二匹のタヌキが主人公の十分間のドラマで、主演は第7章にも出てきた小鳩くるみ。当時のドラマは基本生放送だったのに対して、「ポンポコ物語」は全編をあらかじめフィルムで制作する「テレビ映画」と呼ばれるスタイルで、日本におけるその第一号作品として知られている。

図9・9　武田薬品工業提供「ポンポコ物語」オープニング（1957年）

「ポンポコ物語」が四ヶ月で終了したあと、同じ武田提供で同時間帯に放送された「月光仮面」がたいへんな人気となり、しかもフィルムが残っていたので、「月光仮面」のほうが元祖テレビ映画として長らく記憶されてきた。しかし二〇一九年一月、失われたと思われていた「ポンポコ物語」のフィルム全七十五話のうち七十一話分がTBSの子会社の倉庫から発見され、晴れて現存最古のテレビ映画となった。

図9・9はそのオープニングタイトルである。「オイラは子だぬきポン吉さ、あたいは子だぬきポン子ちゃん」と歌うテーマソングに乗って、かわいらしいタヌキのアニメーション

が繰り広げられる。すると、おもむろにタケダの総合ビタミン剤「パンビタン」のビンが現れ、その奥からポン吉とポン子がひょいと顔を出す。ほぼすべての番組が一社提供だった当時、こんなふうにオープニングにＣＭが絡んでくるパターンは非常によく見られる。発見されたフィルムにこのＣＭが含まれているかどうか分からないが、もし含まれていなければ、このＣＭとあわせて放送当時の状況は完全に復元される。

「ポンポコ物語」のようにオープニングも番組本編も両方残ったのは幸運な例で、オープニングだけはフィルムで制作したから残っているが、本編は生放送だったので失われたというケースのほうがはるかに多い。こういうケースではせめてオープニングだけでもしっかり保存して、テレビ史の断片として記憶にとどめておきたい。

クロージングとアート・アニメーション

図９・10（２４０ページ）は札幌テレビ放送のクロージング映像（一九五九年、六十秒）。開局から八ヶ月後に納品された最初期のクロージングである。「無線局運用規則」第百三十八条（呼出符号等の放送）により、テレビ局は放送の開始（オープニング）と終了（クロージング）に際して自局の呼出符号（ＪＯＡＸ―ＴＶのような文字列）を表示しなければいけない

ことになっているが、このついでにちょっとした映像を合わせる習慣が昔からある。首都圏出身の中高年なら、日本テレビのオープニング&クロージングアニメーション「鳩の休日」を知っている人は多いだろう。

アナログ放送時代のオープニングやクロージングでは、多くの局で「鳩の休日」のような印象的なアート・アニメーションが用いられていた。長年使い続けて色あせたフィルムは、深夜に出会うとなんともいえない幻想的なものであった。

札幌テレビのクロージングは、弦楽四重奏が鳴り響く中（札幌テレビの社史には開局の四年

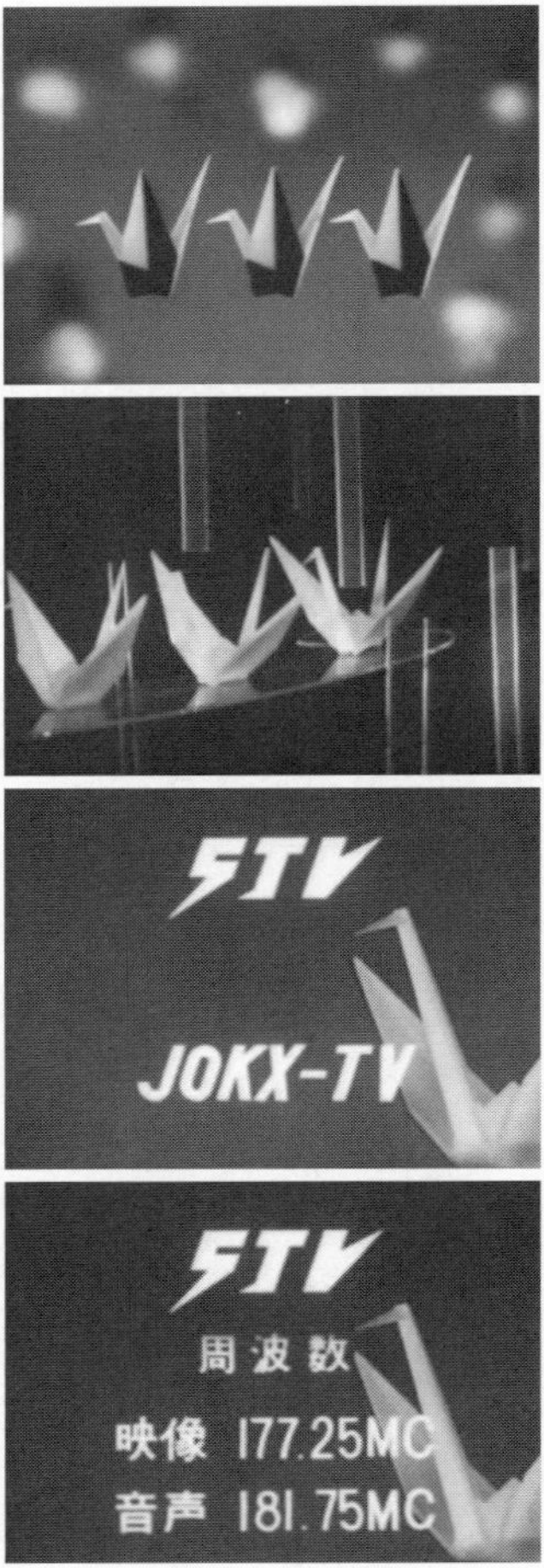

図9・10　札幌テレビ放送クロージング（1959年）

前に死去した早坂文雄の作曲とある）、光と影がおりなす空間にいくつもの折り鶴が現れる。終盤には映像と音声の出力数・周波数とともにＪＯＫＸ－ＴＶという呼出符号が明示される。

オープニング、クロージング映像は放送史の資料として価値があるだけでなく、アート・アニメーションの小品集としても魅力を持つものだ。現存するオープニング、クロージングを集めたＤＶＤがあったら絶対に買いたい。

番組名が違う？　レアな番宣映像

図９・11（２４２ページ）は一九六七年七月三十日から毎週日曜日午後四時、ＮＥＴ系で放送されたテレビドラマの番組宣伝映像である。これはアメリカのドラマで原題は「That Girl」という。スターを夢見て田舎からニューヨークにやってきた女の子アン・マルエが、夢を追いかける日々の中で巻き起こす騒動を描くコメディだ。いわゆる「笑い屋」の声がひんぱんに入る伝統的なテレビコメディである。主人公の吹き替えは山東昭子がつとめた。

図９・11には邦題が「夢みるアン」とある。最後に「いよいよ七月三十日より放送」とナレーションが入るので、放送開始前の予告ＣＭだ。ところが図９・12（２４２ページ）を見てほしい。これはアーカイブに収録された同番組のもうひとつの番宣で、「毎週日曜日の午

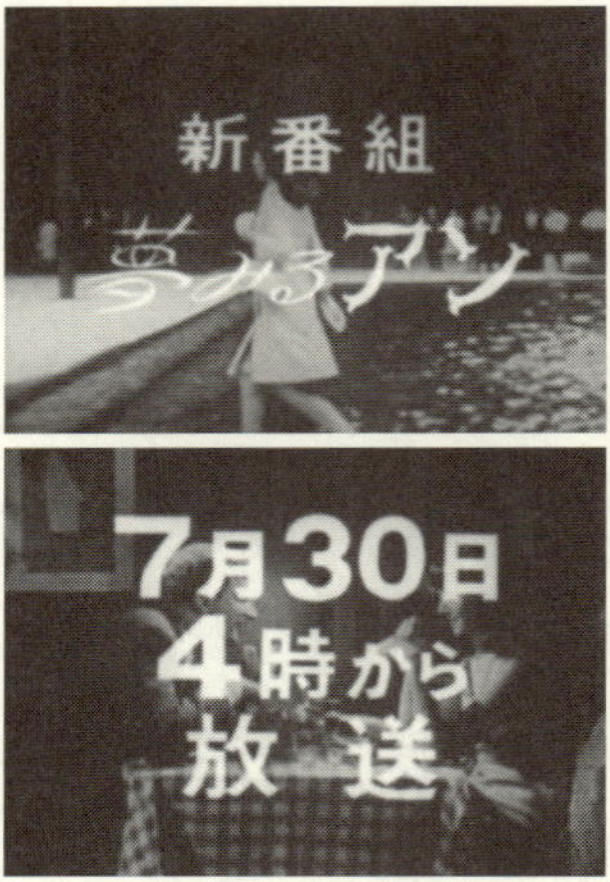

（上）図9・11
（下）図9・12

後四時から放送しています」と言うから放送開始後のものだが、タイトルが「すてきなアン」に変わっている。新聞テレビ欄を確認してみると、第一回の放送から「すてきなアン」になっていた。

つまりこの番組は当初、邦題を「夢みるアン」にする予定だったが、何らかの事情で放送開始直前になって「すてきなアン」に変更されたようなのだ。ねんのため『週刊ＴＶガイド』も確認してみたが、こちらも放送開始前に発売された号には「夢みるアン」と紹介されていて、放送開始後に発売されたものは「すてきなアン」になっていた。「夢みるアン」というタイトルのどこに問題があったのか分からないが、この変更によって、一般に知られているものとは異なるタイトルの番宣という、とびきりの珍品が残されることになった。番宣自体が保存の文脈から外れがちなジャンルなので、二重にレアな映像といえるだろう。

ごはんの前には手を洗いましょう

図9・13は日本放送協会（NHK）「ごはんの前には手を洗いましょう」（一九六四年、六十秒）。ナレーションのない音楽だけのアニメーションで、影絵ふうの子どもたちがチョウチ

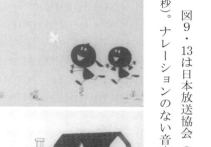

図9・13　日本放送協会「ごはんの前には手を洗いましょう」（1964年）

ヨを追いかけていくと水道があって、みんなで手を洗うというもの。

アーカイブにはＮＨＫから受注した公衆道徳系、啓発系の短い映像が五本ある。残りの四本も図9・14に1コマずつあげた。「ごはんの前に」は六十秒と少し長いが、「横断歩道」と「すり」は二十秒かつ無音、「街をきれいに」と「山火事」は三十秒（音楽つき）である。

これは、番組の合間（ステーション・ブレーク）に少し時間が空いてしまったときに入れるフィラーではないかと私は考えている。最近はあまり見ないが、昔のＮＨＫではステーション・ブレークに動物の映像やアート・アニメーションをよく入れていた。どこか決まった時

図9・14　NHKの公衆道徳フィルム4種（1964～1966年）

間帯（いつも空いてしまう場所）に入れたか、あるいは急きょ空いた時間にランダムに入れていたものと思われる。典型的な第三領域の映像だ。

天気予報の背景映像

テレビの天気予報には大きくふたつのパターンがある。ひとつは気象予報士やお天気キャスターが出てきて、天気図を前に天気を解説するもの。もうひとつは、何らかの映像を背景に「東京：晴れ」といった字幕だけを流すものである。後者の場合、背景の映像はこれから放送する番組の予告編だったり、ミュージックビデオだったり、地元の風景だったりとさまざまだ。

アーカイブには天気予報の背景に用いたと思われる映像がいくつか残っている。その中に、晴れた映像、くもった映像、雨の映像など、天気ごとに何種類もバージョンが分かれているものがある。図9・15（246ページ）は三菱製紙提供「明日のお天気」で用いられたフィルム（一九五九年、百六十秒）。最初の五十五秒がコマソンとタイトルコールからなるオープニングで、その後、雨がひどくて外出できない女性がつまらなさそうに窓辺にたたずむ映像が百五秒続く。この後半部分が本編の背景で、この映像に重ねて「東京：雨」などと文字を出していたと思われるが、この背景があと3パターン存在する。おそらく明日の天気に応じて差し替えていたのではないか。

図9・15は見てのとおり雨予報のときの背景で、あとの三つは図9・16に示したように上が晴れ、真ん中がくもりである。下のてるてる坊主をにらみつける女性は、期待して起きたら雨が降っていたので怒っててるてる坊主をバラそうとしたら、てるてる坊主が涙を流すので（ここはコマ撮りアニメーション）、許してあげてもう一度つるすというストーリーだ。これが何を表すのか難しいが、たぶん雨のち晴れではないか。

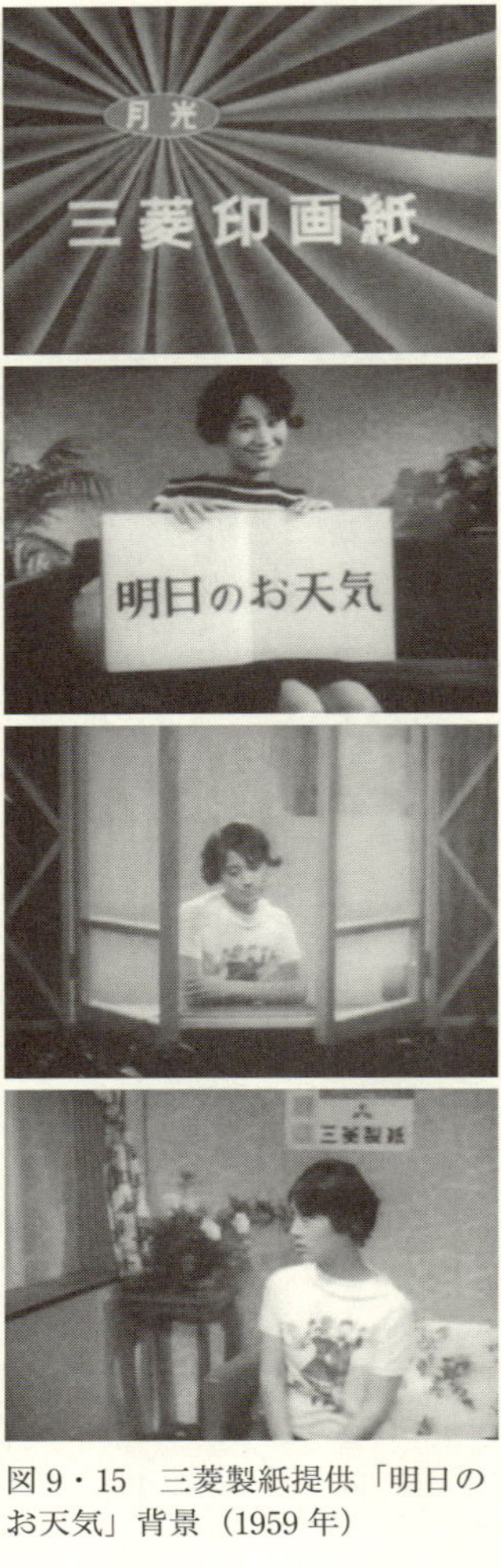

図9・15　三菱製紙提供「明日のお天気」背景（1959年）

ねんのため台帳の記載を確認すると、図9・15が「天気予報（雨）」、図9・16の上が「天気予報（晴）」、真ん中が「天気予報（曇）」で間違いなかったが、下のものは「天気予報（一般）」と書かれていて微妙だ。もしかすると、「〇〇のち××」とか「〇〇ところにより△△」といったあいまいな予報のときはすべてこの映像にしたから「一般」なのかもしれない。

こうした背景の差し替えは津村順天堂（現・ツムラ）「津村の紙切り天気予報」（一九六〇年）にも見られる。初代・林家正楽が三十秒で紙切りをして明日の天気にちなんだ絵を仕上げるというもの。仕上がった絵が天気にちなんで何パターンもある。図9・17（248ペー

図9・16　「明日のお天気」その他の背景

図9・17　（右）津村順天堂「津村の紙切り天気予報」（1960年）
（左）寿屋「サントリーの天気予報」（1956年）

ジ、右）は出勤する父に娘が傘をもって走り寄っているから「曇りのち雨」だろう。

このスタイルのルーツといえるのが、一九五六年から日本テレビで放送されていた図9・17（左）寿屋「サントリーの天気予報」のオープニング映像である。この番組は、本編はお天気キャスターが出てくるスタジオ生放送だったが、オープニングに人形劇を用いていて、晴れ、曇り、雨などさまざまなバージョンがあった。人形劇の内容だけでなく、テーマソングの歌詞も「明日は雨降り泣き出すお空」「明日はおひさまニコニコ顔で」のように天気ごとに異なっている。アーカイブに映像が残っていたのは8パターンだが、台帳には二十本が納品された記録が残っていて、かなり細かく分かれていたようだ。

年越しカウントダウンの大時計

最後に紹介する図9・18はシチズンの腕時計がただ映ってい

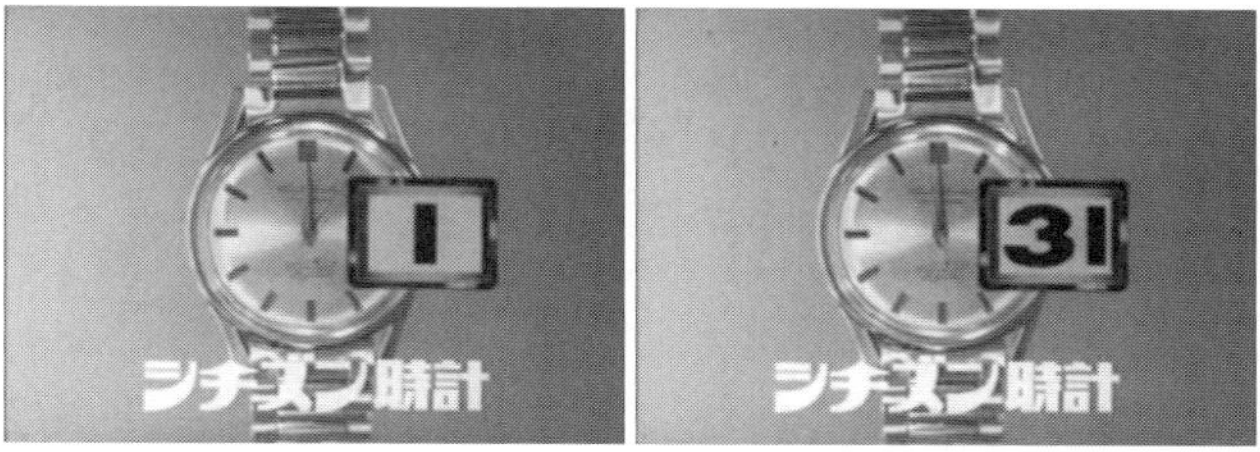

図9・18

るだけの映像。ただし途中で日付表示板が大写しになり、三十一日から一日へと変わる。その瞬間だけ「ポーン」という時報音が入る。それでおしまいだ。初めて目にしたときはあまりにも意味不明すぎて途方に暮れたが、台帳を探すと「シチズンパラウォーター　1963年さようなら1964年よ今日わ」と書かれたナゾの納品物があり、もしかしてこれかな？　と考えていろいろ調べてみたところ、この映像の正体は判明した。

結論から言うとこれは、一九六三年の大晦日、フジテレビの年越し番組「1963グランド・パレード」の中で使われた、年越しの瞬間に流す映像である。

現在のテレビの年越し番組は、NHKが「ゆく年くる年」で、民放は各局それぞれ特番を流しているが、昭和の年越しは民放も「ゆく年くる年」だった。といってもタイトルが同じだけで中身はNHKとまったく違う番組である。民放の「ゆく年くる年」は全民放局の合同制作、つまりすべてのチャンネルで同一の映像を流すものだった。四十代以上の人はよく覚えているだろう。提供は民放各局に時報装置（チ、チ、チ、ポーンというやつ）を納入していたセイコーがつとめた。

実はこの民放の「ゆく年くる年」、一九七〇年まではフジテレビ系列抜きでやっていた。理由はシンプルで、フジテレビだけ時報装置がセイコーではなくシチズンだったからだ。仕方がないのでフジテレビだけは五九年の開局から七〇年まで独自の年越し番組を制作していた。そこで用いられたのがこの映像というわけだ。「1963グランド・パレード」は、クレージーキャッツ、坂本九、中尾ミエなどの人気者たちが出演するにぎやかなショーだったようだ。東京オリンピックイヤーを迎える最高潮の年越しだったろう。

テレビ欄を見るとフジテレビだけ仲間はずれ感がすごいが、出演者の何人かは「ゆく年くる年」とかけもち出演していたし、直前まで放送していたNHK「紅白歌合戦」の出演者もいた。それぞれの番組の会場が近いので、あちこちはしごできたのだ。当時これを「カミカゼ出演」と称した。フジテレビの独自番組はカミカゼ出演をつうじて大晦日のテレビという祝祭空間にしっかりと組み込まれ、けっして仲間はずれではなかった。ちなみにこの日の「紅白歌合戦」の平均視聴率は八十一・四％で、現在でも破られていない日本最高記録である。

「ゆく年くる年」は一九七一年にフジテレビ系を仲間に迎えて全民放合同となり、一九八八年の年越しまで続いて終わる。その一週間後、天皇が崩御して昭和も終わった。

まだまだ紹介したいＣＭは山ほどあるが、歴史に埋もれた無名な映像から何が見えてくるのか、もうじゅうぶんに示せたと思うのでこのくらいで終わりにしたい。

昭和三十年代から四十年代のはじめにかけての、モノと人との関係の歴史、人びとの欲望の歴史、理想的消費生活の歴史、男らしさ、女らしさ、子どもらしさの歴史、そしてもちろん、日本の産業の歴史と映像表現の歴史。いくつもの歴史が重なり合ってひとつひとつのＣＭに焼き付けられている。

それらをていねいにはがしていくことで、昭和のいきいきとした姿がそれなりに復元できるのは、有名作であろうと無名作であろうと変わりはない。むしろ無名作のほうが、後世の人間による過剰な意味づけを受けてこなかったぶん、私たちが見落とし、忘れようとしていた細かな断片をキレイな状態で保存していると個人的には感じている。それを掘り起こす楽しさが少しでもみなさんに伝わっただろうか。

昭和四十年代以降、テレビＣＭは急速に映像表現のクオリティを高めていき、現在に近い映像の雰囲気になっていく。テレビＣＭが原始的な異世界だったのはほんとうに最初の十年くらいのことなのだ。しかし、その短い期間のことがこれまで絶望的に分かっていなかった。歴史に埋もれたテレビＣＭに光を当てた本書が、広告史の空白を埋めることに少しでも寄与できたなら、これにまさる喜びはない。本書をつうじて、昭和に対する私たちの想像力がさらに豊かに、柔軟なものになることを願っている。

おわりに

20世紀のテレビCMデータベース

本書のもとになったアーカイブは、立命館大学アート・リサーチセンター所蔵「20世紀のテレビCMデータベース」というものだ。二〇一九年六月一日現在、1万8132本の映像が収録されている。内訳は次のとおり。

ＴＣＪ制作物　1万3141本（一九五四〜一九六八年）
シバプロダクション制作物　510本（一九七六〜一九八一年）
ハイスピリット制作物　2775本（一九六四〜一九九七年）
さがスタジオ制作物　147本（一九五六〜一九六三年）
日本アド・コンテンツ制作協会（ＪＡＣ）保管物　1559本（一九六六〜一九七〇年）

収録物の約七割を占めるのは、映像制作会社ティ・シー・ジェー（ＴＣＪ）が制作し倉庫に保管していた映像である。本書で引用した映像の約九割がこれに該当する。ＴＣＪは旧称を「日本テレビジョン株式会社」（Television Corporation of Japan）といって、プリミティブな名前から察するとおり一九五二年に設立した日本最古のテレビ・プロダクションのひとつである。一九五四年からフィルムＣＭの制作に参入し、一九五〇〜六〇年代にかけて最大手のプロダクションのひとつだった。現在もテレビＣＭを中心に活躍を続けている。

ＴＣＪの制作物を最初に借り受けたのは立命館大学ではなく京都精華大学だった。京都精華大学は二〇〇一年にＴＣＪと貸与契約を交わして、倉庫保管されたフィルムの一部をＶＨＳに変換・収蔵した。当初はアニメ史研究が目的だったと聞いている。その後、二〇〇四年から〇七年にかけてＶＨＳをデジタル化するプロジェクトがおこなわれ、その責任者が私だった。一連の作業を「ＴＣＪの歴史プロジェクト」と呼ぶ。

その後、関西の社会学者を中心に研究グループが立ち上がり、成果論集『テレビ・コマーシャルの考古学』（世界思想社、二〇一〇年）を発表するなど地道に活動を続けていたが、二〇一七年度いっぱいで京都精華大学が保管主体をやめることになり、二〇一八年度から立命館大学にすべてのデータを移管して現在にいたる。

その他の保管物についても簡単に説明しておきたい。「シバプロダクション制作物」は、店じまいした映像制作会社シバプロダクションの制作物をＴＣＪが預かって保管していたもの。「ハイスピリット制作物」は、同じく店じまいした映像制作会社ハイスピリットの制作物を立命館大学が寄贈を受けてデジタル化したもの。「さがスタジオ制作物」は、昭和三十年代の短い期間だけ存在したさがスタジオ制作のＣＭフィルムを出身者が長年保管していて、それが京都精華大学に寄贈されたものである。「日本アド・コンテンツ制作協会（ＪＡＣ）」は映像制作会社の業界団体で、一九六六年から毎月、新作ＣＭを持ち寄って鑑賞しあう定例試写会を主催していたが、そのフィルムが保管されていたものだ。これについては現在もデータベース制作中で、まとまった予算が取れているので今後も収録数が増える予定。以上のうち、ハイスピリットだけはもともと立命館にあったが、それ以外はすべて京都精華大学から移管されたものである。

権利問題とセミクローズドな運用

残念ながらこのデータベースは誰でも自由に閲覧できるわけではなく、事前の申請と承認が必要となっている。申請は研究目的または教育目的のみ可能で、「閲覧願書」を提出して「テレビＣＭデータベース運用協議会」という八名の研究者からなる組織の審査を受ける。承認されるとＩＤとパスワードが発行される。申請書類の詳細はこちらのページを参照(https://www.arc.ritsumei.ac.jp/database/cmdb/)。なお、データベースはサーバー上にあるので外部のパソコンから閲覧できる。

なぜこのようなセミクローズドな運用なのかというと、権利者とそういう契約になっているからだ。会社が消滅したものは私たちに運用が任されているが、ＴＣＪとＪＡＣは現在も活動する企業・団体であるから、映像の扱いについて慎重に協議を重ね、正式な貸借契約を交わしている。その契約書において、「本データベースの利用目的は、学術研究および教育活用の範囲に限定する」と明記されている。これに加えて、会社が消滅したシバプロダクション、ハイスピリット、さがスタジオについても、立命館大学および運用協議会の意向として同様の手続きをとることにしている。

研究教育目的に限定するのは、ＣＭにさまざまな権利が付随していて扱いが難しいからだ。ＴＣＪとＪＡＣは著作権者の立場から私たちの活動を認め、支援してくれているが、一方で広告主の著作権も存在するし、映像に出演している人びとの肖像権もあるし、音楽著作権やキャラクター権などもある。ややこしい権利の固まりであるCMを文化資源としてスムーズに活用するためには、非営利の研究教育目的に限定するのがもっとも対応が容易だという事情がある。保守的だと批判を受けるかもしれないが、運用協議会のメンバーそれぞれに本務校での業務があり、アーカイブの運営に全精力を傾けるわけにもいかない状況で、やむをえないと言わなければならない。

もう少しオープンにできるよう努力は続けていきたいが、当分はこのようなかたちの運用になると考えている。

昭和三十年代のことは意外と分からない

最後にひとつ、本書を書き終えた感想を記しておきたい。それは、昭和三十年代は調べても意外と分からないということだ。

たいして昔じゃないから調べればたいていのことは分かるとたかをくくっていたのだが、かなり苦戦した。さいわい、国立国会図書館の所蔵雑誌のデジタル化が一気に進み、大量の雑誌に対して記事タイトルを検索できるようになったので、それでなんとかなった部分が大きい。しかしそれでも分からないことは残った。雪印麺類用バターはどんな商品だったのか。

極洋捕鯨の大水槽はいつからいつまで東京タワーに置いてあったのか。新三菱自動販売機のCMのロケ地は池袋西武百貨店なのか。川上哲治はなぜキングトリスのCMに出たのか。

執筆にあたり広告主にけっこう問い合わせをしたのだが、ほとんどが「記録がなくて分からない」という返事だった。そりゃそうである。半世紀前の営業資料なんか残っているはずがない。だったら当時の関係者を探し出して聞き取りをすればとも思うが、私の知りたいことに直接関与していた人物をピンポイントで探し出すなど、野球カード入りジンタンガムでリーグ賞を揃えるくらい難易度が高い。しかも、相当の苦労のすえに存命の関係者にたどりついたとしても、その人の記憶が正確かどうかは分からないのだ。けっきょく、もっとも頼れるのは書籍や雑誌などの当時の文献や、当時の商品の現物である。

これって、普通に歴史学や考古学のアプローチだなと実感している。たった半世紀前のもののごとを明らかにするのに、歴史学的に正しい手続きを踏まないといけない。それはきっと、戦後昭和のモノや情報がものすごい量で、ものすごいスピードで入れ替わったからだ。近い過去ではあるが、掘り下げる土壌は広大で深いのだ。

今後とも、個々のCMのプロフィールを追究する努力は続けていきたい。私のライフワークだと思っている。しかし個人でできることには限界があるので、本書で取りあげた内容について何か情報をお持ちの方は、ぜひ光文社新書編集部か私宛に連絡をいただきたい。大勢の協力によって精度が上がっていくのはアーカイブの理想的な姿だ。セミクローズドのアーカイブではなかなかそういうことはできないが、今回このように書籍化できた幸運を活かせたらと願っている。

本書の刊行にあたり、光文社新書編集部の小松現さんにはたいへんお世話になりました。この場を借りて御礼申し上げます。

また、膨大なアーカイブの作成に携わった京都精華大学の関係者の皆様と、アーカイブの活用をともに考えてくださっている赤間亮氏、石田佐恵子氏、小川博司氏、桐山吉生氏、竹内幸絵氏、辻大介氏、難波功士氏、山田奨治氏にも心から感謝を申し上げます。

そして、私たちの活動に理解を示してくださる権利者の皆様、ほんとうにありがとうございます。多くの方々のあたたかなご支援・ご協力によって本書は完成しました。

二〇一九年六月

高野光平

おもな参考文献・参考記事

【はじめに】
松枝亜希子「トランキライザーの流行――市販向精神薬の規制の論拠と経過」『Core Ethics』Vol.6、立命館大学大学院先端総合学術研究科、三百八十五―三百九十九頁、二〇一〇

【第1章】
石原裕市郎『テレビ放送ハンドブック』ダヴィッド社、一九五七
大伏肇『テレビ・ラジオの広告技術』東京堂、一九五八
衣笠静夫編『テレビ放送の広告』四季社、一九五九
高野光平「テレビCMのメディア史――ノンフィルムCMの成立と衰退」山田奨治編『文化としてのテレビ・コマーシャル』世界思想社、八―二十九頁、二〇〇七
坂根進『トリス広告25年史』サン・アド、一九七五
津堅信之『テレビアニメ夜明け前――知られざる関西圏アニメーション興亡史』ナカニシヤ出版、二〇一二
日本放送協会編『20世紀放送史』日本放送出版協会、二〇〇一
日本民間放送連盟『民間放送十年史』日本民間放送連盟、一九六一
「家庭用電気品」『三菱電機』28(1)、九十二―九十三頁、一九五四
「家庭用電気品」『三菱電機』29(1)、八十八―八十九頁、一九五五
小野耕世「高橋茂人、日本におけるテレビCMとTVアニメの草創期を語る(TCJからズイヨーへの歴史)」『京都精華大学紀要』二十六号、百八十九―二百十三頁、二〇〇四

【第2章】
五十嵐太郎『「結婚式教会」の誕生』春秋社、二〇〇七
石川雅章『結婚礼法と祝辞』大泉書店、一九五九
串間努『ザ・ガム大事典』扶桑社、一九九八
斎藤美奈子『冠婚葬祭のひみつ』岩波書店(岩波新書)、二〇〇六
嵯峨道邦『わかりやすい結婚礼法』金園社、一九五八
総理府統計局『小売物価統計調査結果報告　価格資料編　第8巻(昭和三十二年)』一九五八
東京清涼飲料協会編『日本清涼飲料史』東京清涼飲料協会、一九七五
日本食糧新聞社『食糧年鑑　昭和30年版　名簿編』日本食糧新聞社、一九五五
「コカコーラ旋風の内幕を探ぐる」『週刊読売』11(74)、四十―四十一頁、一九五三
「コーラ時代来る!」『週刊読売』13(23)、五十六―五十七頁、一九五四
「日本にもやってきたコカコーラ旋風」『実業の日本』58(22)、五十三頁、一九五五
「コカコーラの紛争」『週刊新潮』1(28)、二十三頁、一九五六
「[広告]ラジオ東京テレビ今晩の見もの　私は顔役」読売新聞、一九五六年五月三十一日朝刊
「パイカン、値下りへ」朝日新聞、一九五八年九月十二日朝刊
「パイかん安くなる　セイロンから戦後初輸入」読売新聞、一九五八年九月十二日朝刊
「もっとも好ましい大学生の服装」読売新聞、一九六五年四月五日朝刊

【第3章】
加賀見俊夫『海を超える想像力――東京ディズニーリゾート誕生の物語』講談社、二〇〇三
洋泉社編『僕たちの大好きな遊園地』洋泉社、二〇〇九
渡辺裕『サウンドとメディアの文化資源学――境界線上の音楽』春秋社、二〇一三

「非常直通電話　強盗は一一〇番」読売新聞、一九四八年九月二十三日朝刊
「押売り横行　警視庁から防犯心得四ヵ条」読売新聞、一九五四年七月二日夕刊
「[広告]内外テレビ販売　RCAテレビジョン入荷」読売新聞、一九五五年十一月十七日朝刊
「[広告]浦河電機工業　ユニバーステレビキット」『ラジオ・テレビ産業』8(6)、八頁、一九五六
「事件！一一〇番へ」読売新聞、一九五八年二月七日(千葉版)
「押売り①シシ舞の定期便」読売新聞、一九五八年四月六日朝刊
「押売り②午後は強引になる」読売新聞、一九五八年四月七日朝刊
「押売り③検挙よりも防犯」読売新聞、一九五八年四月八日朝刊
「一一〇番などは全国統一に」読売新聞、一九五九年十二月一日朝刊
「いずみ(ハイライト発売)」読売新聞、一九六〇年六月二十一日朝刊
「新会社設立に伴う新株式の公募について　ドリームランド」読売新聞、一九六〇年八月十四日朝刊
「新しくできる二つの遊園地」読売新聞、一九六一年三月二十五日夕刊
「[広告]積水化学　ポリペール」読売新聞、一九六三年七月十五日夕刊
「中村百貨店の経営再建　三越から後任社長」朝日新聞、一九七七年四月十四日朝刊
「たばこのCM放送　来春から全面中止」朝日新聞、一九九七年十月一日朝刊
「奈良ドリームランド――家族の思い出……消えゆく憩いの場所　入場者減で今月閉園」毎日新聞、二〇〇六年八月二十五日(奈良版)

【第4章】

秋山訓子『女子プロレスラー小畑千代――闘う女の戦後史』岩波書店、二〇一七
厚生省『国民栄養の現状――昭和33年度国民栄養調査成績』一九五九
小林太三郎、AD懇談会編『日本の広告キャンペーン(上)』誠文堂新光社、一九六五

制作者編『プロ・レスリング』河出書房、一九五五
ニチバン社史編纂委員会『ニチバン50年史』ニチバン、一九六八
農林水産省『平成22年度食料・農業・農村白書』二〇一一
「空気銃弾か、人妻死亡」朝日新聞、一九五四年八月九日朝刊
「[広告]世界女子プロ・レスリング大試合」読売新聞、一九五四年十一月十二日朝刊
「空気銃　全廃の声が多い」読売新聞、一九五四年十二月一日朝刊
「女も負けないプロレス時代来る(プロレス合宿訪問記)」『ベースボール・マガジン　第一次』10(15)、十一—十四頁、一九五五
「女子プロ稽古場訪問/女子プロレス選手銘々傳」『ベースボール・マガジン　第一次』10(15)、二十六—三十四頁、一九五五
「全日本女子プロ・レスリング王座決定戦最終日」読売新聞、一九五五年九月十二日朝刊
「このハトを射ったのはだれだ　〃空気銃やめて〃と童心の訴え」朝日新聞、一九五六年二月五日朝刊(東京版)
「もっと油脂類を」読売新聞、一九五八年二月二十二日朝刊
「絵でみる生活白書⑤副食も〃ぜいたく〃に」読売新聞、一九五八年十二月十八日朝刊
「[広告]ニチバンセロテープ」読売新聞、一九五九年一月三日朝刊
「健康と美味の新調味料ガーリック(ニンニク)の話」『主婦と生活』15(5)、三百八十二—三百八十四頁、一九六〇
「[広告]ヱスビーガーリック」読売新聞、一九六〇年三月三十日夕刊
「インスタントのヱスビー食品」『実業の世界』58(1)、百五十五—百五十六頁、一九六一

【第5章】

アサノコンクリート株式会社『アサノコンクリート三十年のあゆみ』アサノコンクリート、一九八一
極洋捕鯨30年史編集委員会企画・監修『極洋捕鯨30年史』極洋捕鯨、一九六八
ダイヤモンド社『三菱金属鉱業——躍進する(ポケット社史)』ダイヤモンド社、一九六七

田中雄二『エレベーター・ミュージック・イン・ジャパン――日本のBGMの歴史』DU BOOKS、二〇一八
日本証券投資協会『PR映画年鑑――1963年版』日本証券投資協会、一九六三
「経営の分野に入りこんだ音楽　BGMの本質とその効用」『商業界』14(8)、百十四―百十六頁、一九六一
「MAC　環境音楽放送装置」『沖電気時報』28(1)、百三十四―百三十六頁、一九六一
「日本コンベヤ」『日本経済新報』15(43)、五十四―五十五頁、一九六二
「OKITAC納入受注実績一覧表」『Computer Report』3(9)、五十五頁、一九六三
「座談会　OKITAC―5090カストマーを囲んで」『Computer Report』3(9)、三十三―四十三頁、一九六三
「市場占拠率は80％台へ突入したセロテープ」『野田経済』十月七日(891)、五十八―五十九頁、一九六三
「《対談》新展開するOKITAC5090」『Computer Report』3(9)、二十―二十八頁、一九六三
「座談会／経営近代化の複写機」『事務と経営』17(192)、六十―六十三頁、一九六五
「ゼロックス914とは」『事務と経営』17(192)、六十四―六十五頁、一九六五

【第6章】
磯尚義『サッポロ一番を創った男井田毅』上毛新聞社、二〇一六
魚谷祐介『日本懐かし自販機大全』辰巳出版、二〇一四
宇野政雄『価格競争に打勝つ道』誠文堂新光社、一九六〇
経済企画庁調査局『消費者動向予測調査結果報告10回　昭和37年上期』一九六二
経済企画庁調査局『消費者動向予測調査結果報告12回　昭和38年上期』一九六三
経済企画庁調査局『消費者動向予測調査結果報告14回　昭和39年上期』一九六四
社史編纂プロジェクト編『ホシザキ50年の歩み』ホシザキ電機、一九九七
総理府統計局『住宅統計調査報告　昭和38年第1巻』一九六四
日清食品株式会社社史編纂室編『食足世平――日清食品社史』日清食品、一九九二

日本住宅公団『日本住宅公団10年史』日本住宅公団、一九六五
野村證券株式会社調査部編『技術革新下の新商品　その2』野村證券、一九六一
鷲巣力『自動販売機の文化史』集英社（集英社新書）、二〇〇三
「自動販売機　新しい時代にマッチした販売のオートメーション」『財界観測』22（10）、五十八―六十一頁、一九六〇
「自動販売機ブーム前夜　メーカーも本腰」『サングラフ』10（9）、六十六―六十七頁、一九六〇
「特集　楽しい住まいの研究　お風呂と浴室」『婦人生活』14（2）、六十九―八十八頁、一九六〇
「部屋を冷やす――ルーム・クーラーと換気扇」『装苑』15（7）、百三十八―百三十九頁、一九六〇
「今年は自動販売機時代」『製菓製パン』28（3）、六十五頁、一九六二
「自動販売機は商店にどのようにとりいれられるか」『商店界』43（9）、八十―八十七頁、一九六二
「夏のご用意クーラーと扇風機」『主婦と生活』17（6）、二百五十五―二百六十四頁、一九六二
「成るか第三の販売革命！脚光を浴びる自動販売機」『ブレーン』2（11）、二―十一頁、一九六二
「〝チキンラーメン〟の本家はこちら――三年越し、登録商標騒動始末記」『週刊サンケイ』10（37）、九十四―九十五頁、一九六一
「注目される自動販売機」『月刊食堂』（4）、二十六頁、一九六一
「特集　扇風機とクーラー」『主婦と生活』18（6）、百四―百十六頁、一九六三
「特集　今年の冷房プラン・扇風機とクーラー」『主婦と生活』19（6）、九十九―百四頁、一九六四
「クーラーは売れ行き好調　ようやく家庭にも進出」朝日新聞、一九六五年七月十八日朝刊
「来るか新〝三種の神器〟時代」朝日新聞、一九六六年三月二十二日朝刊
「3C時代〝本番〟」朝日新聞、一九六八年四月十八日朝刊
「いつまで続く〝3C景気〟」朝日新聞、一九六九年四月六日朝刊

【第7章】

総理府統計局『全国消費実態調査報告　昭和39年第8巻（解説編）』一九六六

内藤陽介『解説・戦後記念切手Ⅱ　ビードロ・写楽の時代　グリコのおまけが切手だった頃　1952―1960』日本郵趣出版、二〇〇四
日本テレビ放送網株式会社社史編纂室編『大衆とともに25年』日本テレビ放送網、一九七八
日本郵趣協会編『ぼくらの世界切手カタログ』江崎グリコ、一九六四
山崎功『任天堂コンプリートガイド―玩具編―』主婦の友インフォス情報社、二〇一五
「世界で初めて完成した電池使用の無線操縦玩具」『東京玩具商報』(51)、六十六頁、一九五五
「[広告]ミルクのみ人形・小鳩人形・歩く人形」『東京玩具商報』(58)、八頁、一九五六
「[広告]ラジコンバス」『東京玩具商報』(52)、四十四頁、一九五六
「サロン　電関セット」読売新聞、一九五六年三月十九日夕刊
「〝ボタン一つ〟の夢追う　蔵前オモチャ屋横町」読売新聞、一九五七年十一月三十日朝刊
「[広告]新しいカール人形ウィピィちゃん」『東京玩具商報』(82)、十七頁、一九五八
「[広告]ビーシーゲーム」『東京玩具商報』(85)、三十九頁、一九五八
「子供を食う切手ブーム」『週刊東京』4(20)、十四―十六頁、一九五八
「商売繁盛記　増田屋齋藤貿易」『ダイヤモンド』46(7)、七十八頁、一九五八
「ラジコンバス」『電波時報』13(6)、十四―十五頁、一九五八
「子どもまで〝切手ブーム〟」読売新聞、一九五八年三月十三日朝刊
「世界にでまわるおもちゃ」『5年の学習』13(10)、六十四―六十八頁、一九五九
「新型・新製品ブーム④おもちゃ」読売新聞、一九六〇年十二月一六日朝刊
「近江絹糸、食品工業に進出」読売新聞、一九六一年六月十七日朝刊
「切手と子ども　狂ったブームから守るために」読売新聞、一九六三年七月十五日朝刊
「切手空前のブーム　けさも行列一万人」読売新聞、一九六四年四月二十日夕刊
「日光写真大懸賞」『ぼくら』11(10)、八十二頁、一九六五

「ガラクタ百科15　日光写真(石子順造)」『月刊百科』(141)、二十四―二十五頁、一九七四

【第8章】

75年史編纂委員会編纂『光とミクロと共に――ニコン75年史』ニコン、一九九三
沖縄テレビ放送総合企画室編『沖縄テレビ30年史』沖縄テレビ放送、一九八九
キッコーマン醤油株式会社『キッコーマン醤油史』キッコーマン醤油、一九六八
日立製作所『日立製作所史　第2』日立製作所、一九六〇
日本双眼鏡輸出振興事業協会『双眼鏡輸出振興事業10年史』日本双眼鏡輸出振興事業協会、一九六九
丸紅株式会社社史編纂室編『丸紅本史――三十五年の歩み』丸紅、一九八四
ミノルタカメラ株式会社宣伝課編『三十五年のあゆみ』ミノルタカメラ、一九六三
ライオン歯磨株式会社社史編纂委員会編『ライオン歯磨八十年史』ライオン歯磨、一九七三
琉球放送『琉球放送十年誌』琉球放送、一九六五
「一枚舌を切取る叫び！インド人魔術師の東洋的神秘」『週刊読売』13(14)、六十二―六十三頁、一九五四
「空中にきえた少年――インドの大魔術ロープ・トリックの怪」『少年ブック』12(4)、百八十二―百八十八頁、一九六〇
「インド大魔法団　神秘の男ソーカーと美女の謎」『週刊明星』7(5)、五十八―五十九頁、一九六四
「海外旅行あす〝解禁〟」読売新聞、一九六四年三月三十一日朝刊
「びっくり図解インド大魔術のなぞをとく」『小学五年生』18(12)、百四十―百四十三頁、一九六六
「まかふしぎインドの魔術」『中一時代』10(13)、三十九―四十三頁、一九六六
「アラビアン大魔法団の内幕」『週刊明星』11(2)、六十―六十一頁、一九六八
「世界大魔法団　四月から花やかに開幕」読売新聞、一九六八年三月七日夕刊
「ステージ　きわだつ芸に嘆声」読売新聞、一九六八年四月二十九日夕刊
「観光渡航三千ドルＯＫ」読売新聞、一九七一年五月二日朝刊

「海外旅行の外貨持ち出し自由に」読売新聞、一九七二年十一月十八日朝刊

【第9章】
STV十年史編集委員会編『STV10年の歩み』札幌テレビ放送、一九六八
高野光平「テレビと大晦日」長谷正人・太田省一編『テレビだョ！全員集合――自作自演の1970年代』青弓社、二〇〇七
東京住宅協会『東京都全住宅案内図帳　台東区西部』一九六〇
友井健人ほか『タケダアワーの時代』洋泉社、二〇一七
吉田製作所『歯科機械のヨシダ七十二年の歩み』吉田製作所、一九七八
林野庁『狩猟統計　昭和35狩猟年度』一九六二
「工場ルポ　吉田製作所」『歯科時報』(314)、五十―五十一頁、一九五八
「〃私はウソは申しません〃テレビCMが生んだ流行語」『週刊読売』19(49)、四―九頁、一九六〇
「きょう三党首討論　NHK、フジは生放送」読売新聞、一九六〇年十一月十二日朝刊
「総選挙　テレビ各局の速報体制」読売新聞、一九六〇年十一月十九日朝刊
「年末年始〃番組提供〃繁盛記」『週刊TVガイド』2(1)、四十四―四十五頁、一九六三
「猟銃　狩猟人口増加で脚光」『野田経済』(943)、三十八―三十九頁、一九六四
「7月30日　日曜日のみもの」『週刊TVガイド』6(32)、六十四頁、一九六七

【おわりに】
高野光平・難波功士編『テレビ・コマーシャルの考古学――昭和30年代のメディアと文化』世界思想社、二〇一〇

高野光平（こうのこうへい）

1972年生まれ。茨城大学人文社会科学部教授。東京大学文学部卒業後、電通勤務を経て、東京大学大学院人文社会系研究科文化資源学研究専攻博士課程修了。同研究科助手、茨城大学人文学部講師、同准教授を経て、2016年より現職。著書に『昭和ノスタルジー解体』（晶文社）、共編著に『現代文化への社会学』（北樹出版）、『テレビ・コマーシャルの考古学』（世界思想社）、共著に『文化人とは何か？』（東京書籍）、『テレビだョ！全員集合』（青弓社）などがある。

発掘《はっくつ》！ 歴史《れきし》に埋《う》もれたテレビCM
見《み》たことのない昭和《しょうわ》30年代《ねんだい》

2019年7月30日初版1刷発行

著　者 ── 高野光平
発行者 ── 田邉浩司
装　幀 ── アラン・チャン
印刷所 ── 萩原印刷
製本所 ── フォーネット社
発行所 ── 株式会社光文社
東京都文京区音羽1-16-6（〒112-8011）
https://www.kobunsha.com/
電　話 ── 編集部03(5395)8289　書籍販売部03(5395)8116
業務部03(5395)8125
メール ── sinsyo@kobunsha.com

 ISBN 978-4-334-04426-8
JASRAC 出 1906696-901

1014
「ことば」の平成論
天皇、広告、ITをめぐる私社会学
鈴木洋仁

天皇陛下のおことば、ITと広告をめぐる言説、野球とサッカーが辿った道……。「平成」の形を、同時代に語られた「ことば」を基に探る極私的平成論。本郷和人氏推薦。

9 7 8-4-3 3 4-0 4 4 2 0-6

1015
「家族の幸せ」の経済学
データ分析でわかった結婚、出産、子育ての真実
山口慎太郎

母乳育児や3歳児神話……。出産や子育てにおいて幅をきかせるエビデンス（科学的根拠）を一切無視した「思い込み」を、気鋭の学者が最先端の経済学の手法で徹底的に論破する。

9 7 8-4-3 3 4-0 4 4 2 2-0

1016
不登校・ひきこもりの9割は治せる
1万人を立ち直らせてきた3つのステップ
杉浦孝宣

「8 0 5 0問題」につながる若者の不登校・ひきこもりという社会課題に30年以上向き合ってきた教育者が語る、親子で生活を立ち直らせるための3ステップ。

9 7 8-4-3 3 4-0 4 4 2 4-4

1017
教養としてのロック名盤ベスト100
川﨑大助

現代人の基礎教養とも言えるロック名盤1 0 0枚を、これまでにない切り口で紹介・解説。著者の主観・忖度抜き、科学的な手法で得られた驚愕のランキングの1位は？

9 7 8-4-3 3 4-0 4 4 2 5-1

1018
発掘！ 歴史に埋もれたテレビCM
見たことのない昭和30年代
高野光平

こんなモノがあったのか！ ナゾだらけの草創期テレビCMの実態とは？ 「名作」とはひと味ちがう、無名の発掘物でたどる「もうひとつのテレビCM史」。CM史研究の第一人者が解き明かす。

9 7 8-4-3 3 4-0 4 4 2 6-8